玄妙的道观

中华文化风采录

千秋圣殿奇观

陈璞 编著

崂山太清宫

北方妇女儿童出版社
·长春·

图书在版编目(CIP)数据

　　玄妙的道观 / 陈璞编著. -- 长春 ： 北方妇女儿童出版社，2017.5（2022.8重印）
　　（千秋圣殿奇观）
　　ISBN 978-7-5585-2009-9

　　Ⅰ．①玄… Ⅱ．①陈… Ⅲ．①道教－寺庙－介绍－中国 Ⅳ．①K928.75

中国版本图书馆CIP数据核字(2017)第315978号

玄妙的道观
XUANMIAO DE DAOGUAN

出 版 人	师晓晖
责任编辑	吴　桐
开　　本	700mm×1000mm　1/16
印　　张	6
字　　数	85千字
版　　次	2017年5月第1版
印　　次	2022年8月第3次印刷
印　　刷	永清县晔盛亚胶印有限公司
出　　版	北方妇女儿童出版社
发　　行	北方妇女儿童出版社
地　　址	长春市福祉大路5788号
电　　话	总编办：0431-81629600

定　　价　　36.00元

习近平总书记说："提高国家文化软实力，要努力展示中华文化独特魅力。在5000多年文明发展进程中，中华民族创造了博大精深的灿烂文化，要使中华民族最基本的文化基因与当代文化相适应、与现代社会相协调，以人们喜闻乐见、具有广泛参与性的方式推广开来，把跨越时空、超越国度、富有永恒魅力、具有当代价值的文化精神弘扬起来，把继承传统优秀文化又弘扬时代精神、立足本国又面向世界的当代中国文化创新成果传播出去。"

为此，党和政府十分重视优秀的先进的文化建设，特别是随着经济的腾飞，提出了中华文化伟大复兴的号召。当然，要实现中华文化伟大复兴，首先要站在传统文化前沿，薪火相传，一脉相承，弘扬和发展5000多年来优秀的、光明的、先进的、科学的、文明的和自豪的文化，融合古今中外一切文化精华，构建具有中国特色的现代民族文化，向世界和未来展示中华民族具有独特魅力的文化风采。

中华文化就是中华民族及其祖先所创造的、为中华民族世世代代所继承发展的、具有鲜明民族特色而内涵博大精深的优良传统文化，历史十分悠久，流传非常广泛，在世界上拥有巨大的影响力，是世界上唯一绵延不绝而从没中断的古老文化，并始终充满了生机与活力。

浩浩历史长河，熊熊文明薪火，中华文化源远流长，滚滚黄河、滔滔长江是最直接的源头，这两大文化浪涛经过千百年冲刷洗礼和不断交流、融合以及沉淀，最终形成了求同存异、兼收并蓄的辉煌灿烂的中华文明。

中华文化曾是东方文化的摇篮，也是推动整个世界始终发展的动力。早在500年前，中华文化催生了欧洲文艺复兴运动和地理大发现。在200年前，中华文化推动了欧洲启蒙运动和现代思想。中国四大发明先后传到西方，对于促进西方工业社会形成和发展曾起到了重要作用。中国文化最具博大性和包容性，所以世界各国都已经掀起中国文化热。

中华文化的力量，已经深深熔铸到我们的生命力、创造力和凝聚力中，是我们民族的基因。中华民族的精神，也已深深根植于绵延数千年的优秀文化传统之中，是我们的精神家园。但是，当我们为中华文化而自豪时，也要正视其在近代衰微的历史。相对于5000年的灿烂文化来说，这仅仅是短暂的低潮，是喷薄前的力量积聚。

中国文化博大精深，是中华各族人民5000多年来创造、传承下来的物质文明和精神文明的总和，其内容包罗万象，浩若星汉，具有很强的文化纵深感，蕴含丰富的宝藏。传承和弘扬优秀民族文化传统，保护民族文化遗产，已经受到社会各界重视。这不但对中华民族复兴大业具有深远意义，而且对人类文化多样性保护也是重要贡献。

特别是我国经过伟大的改革开放，已经开始崛起与复兴。但文化是立国之根，大国崛起最终体现在文化的繁荣发展上。特别是当今我国走大国和平崛起之路的过程，必然也是我国文化实现伟大复兴的过程。随着中国文化的软实力增强，能够有力加快我们融入世界的步伐，推动我们为人类进步做出更大贡献。

为此，在有关部门和专家指导下，我们搜集、整理了大量古今资料和最新研究成果，特别编撰了本套图书。主要包括传统建筑艺术、千秋圣殿奇观、历来古景风采、古老历史遗产、昔日瑰宝工艺、绝美自然风景、丰富民俗文化、美好生活品质、国粹书画魅力、浩瀚经典宝库等，充分显示了中华民族厚重的文化底蕴和强大的民族凝聚力，具有极强的系统性、广博性和规模性。

本套图书全景展现，包罗万象；故事讲述，语言通俗；图文并茂，形象直观；古风古雅，格调温馨，具有很强的可读性、欣赏性和知识性，能够让广大读者全面触摸和感受中国文化的内涵与魅力，增强民族自尊心和文化自豪感，并能很好地继承和弘扬中国文化，创造未来中国特色的先进民族文化，引领中华民族走向伟大复兴，在未来世界的舞台上，在中华复兴的绚丽之梦里，展现出龙飞凤舞的独特魅力。

海岛上的明珠——崂山太清宫

龙门祖庭——北京白云观

东岳神府——泰山岱庙

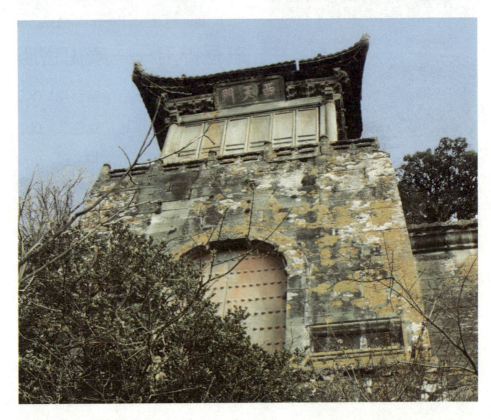

崂山太清宫

在山东青岛东25千米崂山老君峰下、崂山海湾之畔，有一座号称崂山道观中历史最悠久、规模最大的一座宫观名叫太清宫，俗称下宫。

此道观修建于西汉建元元年，即公元前140年，距今已有两千多年的历史。由于此道观三面环山，一面临海，形成海抱仙山山抱海、山海相依、负阴抱阳的独特地理景观，所以被人们誉为"海岛上的明珠"。

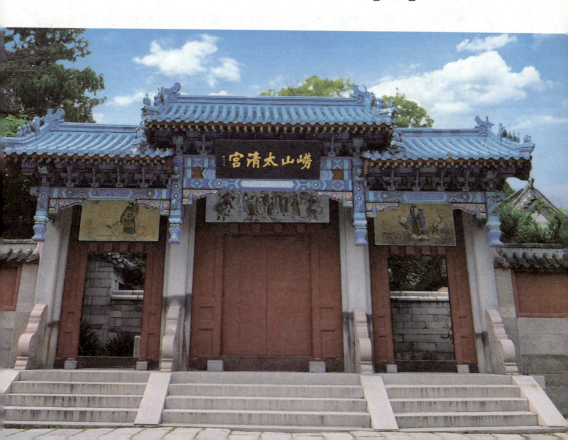

张廉夫在崂山始建三官庙

道教 创立于东汉时期，是我国土生土长的宗教，并经过长期的历史发展而形成的。道教距今已有两千多年的历史。它与中华本土文化紧密相连，深深扎根于中华沃土之中，并具有鲜明的中国特色，对中华文化的各个层面产生了深远影响。当今的道教主要分为全真派和正一派两大教派。

俗话说：山不在高，有仙则名。崂山的盛名，得益于崂山的道教。崂山素有"九宫八观七十二名庵"之说，其中，规模最大、历史最悠久的就是始建于西汉建元元年、距今2140多年的道教道观太清宫。

那么，这座道观是由何人所建，为什么而建立呢？我们的故事还要从西汉年间说起。

话说，在西汉文帝、景帝、武帝年间，人们对玄学的研究相当普遍，宫廷中从皇帝到众

■ 崂山太清宫石刻

■ 孙膑 是我国战国时期军事家，兵家代表人物，是著名军事家孙武的后代。他曾与魏国大将庞涓为同窗，因受庞涓迫害遭受膑刑，身体残疾，后在齐国使者的帮助下投奔齐国，被齐威王任命为军师，辅佐齐国大将田忌两次击败庞涓，取得了桂陵之战和马陵之战的胜利，奠定了齐国的霸业。

官员都以精于玄学为荣。

在这些众多的官员中，有一个名叫张廉夫的才子，在当时的玄学潮中独领风骚。

这位张廉夫本是汉景帝时期的大夫，但是，由于他非常喜欢玄学，久而久之，便对官场产生了厌倦的情绪。

也正因为如此，张廉夫最终还是选择了"弃职入道"。弃官以后，张廉夫先是来到离京城最近的终南山修道。

终南山从春秋时期开始就是我国道教的发祥地之一，历史上有不少著名人物都与这座大山有关。

战国时期的军事家孙膑、庞涓，政治家苏秦、张仪，元代的政治家刘秉忠等都是从终南山出来的。

到现在为止，终南山仍有许多道教古迹，记载着当年的辉煌。

张廉夫在终南山学道数载后，他把师父教的道教学问都学完了，之后，他便开始云游各名山大川，并一路收留一些有缘的弟子。

玄学 是对《老子》《庄子》和《周易》的研究和解说。是对道家的表达。可以说玄学是道家的一种分支或改进。"玄"字出自老子《道德经》中"玄之又玄，众妙之门"，言道幽深微妙。

■ 三官殿大门

硬山式是我国古建筑屋顶的构造方式之一，屋面仅有前后两坡，左右两侧山墙与屋面相交，并将檩木梁全部封砌在山墙内，左右两端不挑出山墙之外的建筑叫硬山建筑。硬山建筑是古建筑中最普通的形式，无论住宅、园林、寺庙中都有大量的这类建筑。

西汉武帝建元元年，也就是公元前140年，张廉夫和其弟子来到了山东青岛地区的崂山。

张廉夫见此地三面环山，前面濒海，认为此地是建立道观的最佳地方，于是，他在崂山老君峰下选择背山面海之处，用了两三年的时间，和众弟子相继建起了"三官庵"和"三清殿"两座茅庵，这两座主殿便是崂山地区人工修建的首座道教庙宇，张廉夫将它们命名为"三官庙"。

崂山太清宫内现存的三官庵又称三官殿，是崂山最早的道教庙殿，为布局工整的三进殿院，大门朝东。在我国北方，绝大多数的庙堂大门都是朝南开的，因为坐北面南象征着权威。崂山是道家仙境，不讲究权势，在这里把门向东开是表示对客人的尊重。

现存的三官殿是宋代以后的重修建筑，其主殿属单檐硬山式砖石结构殿堂，顶面覆以黑色板瓦和筒瓦，匾额为长方形木雕篆书体，是标准的宋代建筑。

从宋代至今，三官殿经历过无数次修缮，却总是保留着宋代建筑的基本特点和风格，虽不是富丽堂皇，却不乏古朴庄严，是典型的道教殿堂。

三官殿内供奉的是天官、地官、水官，实际上是我国古代最有影响的3位部落领袖尧、舜、禹。

相传，尧敬天爱民，上应天象，风调雨顺，被人尊为"天官"；舜在位时，民风高尚，地不生灾，被誉为"地官"；大禹继承父业，治理了水患，三过家门而不入，理所当然地被尊为"水官"。

在三官殿的正殿两侧，分别供有"雷神"和"真武"二神。

需要注意的是，这里的雷神和我们传统中认识的

篆书 汉语字体之一。是大篆和小篆的统称。大篆指甲骨文、金文、籀文、六国文字，它们保存着古代象形文字的明显特点。小篆也称"秦篆"，是秦国的通用文字，大篆的简化字体，其特点是形体匀逼齐整、字体较籀文容易书写。

■ 太清宫内的岫玉雕刻

■ 矗立在太清宫门前的照壁

雷公却不是同一人，这里的雷神主要是惩罚恶人和对做坏事者采取相应惩处措施的神，是正义之神。

真武就是玄武，是四方神之一。传说，天尊出巡时，左青龙、右白虎、前朱雀、后玄武，簇拥在天尊周围，以壮天威。

那么，这里为什么雷神的对面是"真武"神像呢？因为崂山地处我国北方，从方位管辖的角度来看，也属于玄武神的范围，在四方神中单独供奉玄武神也有这个原因。

从宋代开始，皇帝在尊神的同时，又避讳他们先君或自身的名字，后把玄武的"玄"字改为"真"字，就是现在的"真武大帝"。

真武属水，水德柔顺，滋润万物，与雷神相对，一位象征着至刚，一位象征着至柔，正应了道家哲学中"阴阳相生，刚柔并济"的辩证思想。

这种哲学思想不仅是道士修身处世的基本思想，而且也是练武功、修内功的主旨，对养生、内外功修炼都有一定的指导意义。

在三官殿院内外，还分布有大量的古树名木，其中以大门外不远处的一棵圆柏为最古。

这株圆柏，高18米，胸围3米多，树龄有2100多年，据说，这是三官殿的创始人张廉夫初建此庙时所植，至今仍生机盎然。

另外，在三官殿的二进院和三进院内，还有很多株山茶，其树龄之高，大多在400年以上。

■ 三清殿内神像

和三官殿在同一时期修建的三清殿是现存崂山太清宫的第二大主殿。这是一座长方形院落，由一个正殿和两个偏殿组成。其中，主殿属砖石结构的硬山式建筑，殿内供奉三清神像。

道教的最高境界称为"三清"，即玉清、上清、太清。三清各为一级洞天，各有天尊主持。

在我国古代道学思想中，认为小乘修炼是做人的根本，一个庞大的人类社会，需要有一种能够制约人行为的规范，以此来区别美丑善恶，这就是我们常说

三清 是指道教三清尊神，即玉清元始天尊、上清灵宝天尊、太清道德天尊（太上老君）。其中所谓玉清境、上清境、太清境是所居仙境的区别，清微天、禹馀天、大赤天是所统天界的划分，而天尊的意思则是说，极道之尊，至尊至极，故名天尊。

■ 三清殿古老的香炉

道德天尊 又称太上老君、混元老君、太清大帝等。是三清尊神中受到最多香火奉祀的神明，道教相信道家哲人老子是老君的化身，度人无数，屡世为王者之师；因其传下道家经典《道德经》，所以称老君为道德天尊，也被道教奉为开山祖师。

的道德。几千年来约束人们行为最有力的规范就是道德，因此，道家把涵养道德作为最高级的修身境界。

道家认为，一个人只有道德高尚，才有资格去接触中、高级的修炼内容。

道德高尚的人经过刻苦修行，启动灵感之后方能获得宝贵的修真秘诀，并沿着正确的修身道路才可以达到返璞归真的境界。所以这就是在三清殿的正殿供奉的三清真神道德天尊、灵宝天尊、元始天尊的原意和秘密所在。

在正殿的两侧，依照方位，东西两厢分别设有偏殿。东偏殿供奉的是道教全真派最初的创立始祖东华帝君，在神话传说中，东华帝君是天上阳神的主管。西偏殿中供奉的是西王母，俗称"王母娘娘"，传说她是天上阴神的主管。

此外，在三清殿外侧，还有一尊红脸膛，三只眼，三目怒视，胡须四张，披甲戴盔，手持钢鞭火轮的神像就是镇坛王灵官。

王灵官是道教的护法神和纠察神，他相当于佛教中的护法神韦驮的地位。

再说崂山上的三官庵和三清殿这两座茅庵建成后，张廉夫便在此地广收学徒，并举行了正规的授徒祭拜仪式。

从此，这里便正式成为了道教道观，这也为崂山道教以后的发展奠定了基础。

因为这崂山上道观的修建时间比龙虎山的开山祖师张道陵创立天师道的时间要早200多年，为此，以后的崂山道士尊称张廉夫为"开山始祖"，而崂山也成为了我国道教的发祥地之一。

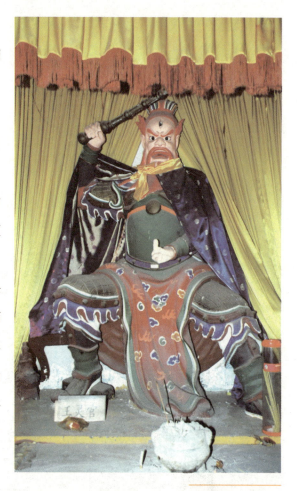

■ 王灵官塑像

阅读链接

张廉夫在崂山道教的功绩不仅仅是首建庙宇，而在于他屡次南下北上，来往于中华大地的各处道教庙宇之间，推进了各地道教经书典籍、经韵曲牌的交流，充实了崂山的道教文化。

西汉昭帝始元二年丙申（公元前85年），张廉夫委命弟子刘方清、赵冲虚、冯若修主持庙事，自己回江西鬼谷山三元宫潜修。这时张廉夫已是85岁高龄。这之后他多次来崂山，以近百岁高龄往返大江南北，这在交通相当便利的现代都是不容易的，何况在2000余年前，没有极高的修为，没有健壮的体魄是根本做不到的。

道士李哲玄扩建三皇殿

公元904年，由张廉夫始建的三官庙迎来了一位特殊的客人，此人便是第一位受过朝廷敕封的高道李哲玄。

李哲玄，字静修，号守中子，河南兰义人，生于唐宣宗大中元年丁卯二月十七日，即公元847年。

李哲玄在他14岁的时候考中进士，因他喜欢过无拘无束的生活，并喜欢读道经，同时受孙思邈、司马承祯等人的道学思想影响。

正是如此，他做官不久后，便选择了弃官云游，四处寻找道家名师，以便拜师学道。

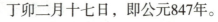

■孙思邈（581—682），汉族，唐朝京兆华原，现在的陕西耀县人，是著名的医师与道士，是我国乃至世界史上伟大的医学家和药物学家，被后人誉为"药王"，许多华人奉之为"医神"。

后来，李哲玄几经辗转，来到了广东省惠州博罗县境内的罗浮山曜真洞入道。

修行十数年，当他深研玄理，学得道教的精华以后，他便拜别师友，于唐昭宗天祐元年，即公元904年来到了崂山。

此时，崂山的三官庙自张廉夫创建了三官庵和三清庵以后，直至唐代，并没有多大的变化。

■ 三官殿内殿堂的一角

李哲玄来到此地后，见这里风景优美，环境极佳，但作为一个道教高人来说，他认为，这座三官庙宫区的布局很不合理，于是，他便依照道教"道生一，一生二，二生三，三生万物"的哲学思想，对三官庙的甬道和附属建筑布局进行了调整和修建，并集资兴建一座殿堂，名为三皇殿。

李哲玄根据九宫八卦的方位将三皇殿建于"开门"位置。因为在道教的九宫八卦方位中，只有"休门、生门、开门"这三门为吉门。

与此同时，李哲玄还组织庙内的道士们完成植树、修路、建庭院和栽花圃等系列工作，使太清宫的园林布局形成了正规的寺庙园林风格。

太清宫现存的三皇殿就是李哲玄当时修建留下的

九宫八卦 九宫是排局的框架和阵地，中宫之数为五，寄于坤宫。这样，依照次序便是：一宫坎，二宫坤，三宫震，四宫巽，五宫中，六宫乾，七宫兑，八宫艮，九宫离。八卦是我国古代一套有象征意义的符号。用"—"代表阳，用"- -"代表阴，用3个这样的符号，组成8种形式，叫作八卦。

■ 太清宫内的道教
石刻

太极图 是研究
周易学原理的一
张重要的图象。
太有至的意思，
极有极限之义，
就是至于极限，
没有相匹之意。
既包括了至极之
理，也包括了至
大至小的时空极
限，放之则弥六
合，卷之退藏于
心。可以大于任
意量而不能超越
圆周和空间，也
可以小于任意量
而不等于零或
无，以上是太极
二字的含义。

古迹。这是一个长方形院落，并排列有两座殿堂，主殿是三皇殿，副殿是救苦殿和耿祖祠。

三皇殿中供奉的是"天皇""地皇""人皇"3位神仙。他们分别是中华民族远古时期的氏族领袖伏羲、神农和轩辕。

其中，被称为天皇的伏羲氏手里擎着太极图位于中间，旁边那位手捻稻菽的是地皇神农氏，另一边手握护板的是人皇轩辕氏。

关于这3位老祖先传说很多，如：伏羲制八卦；神农尝百草；轩辕黄帝做兵器、造舟车等，他们都被尊为开创华夏文明的始祖。

在三皇殿两侧，供奉的是中华民族历史上出类拔萃的10位民间医生，他们是创始诊病"问、闻、望、切"四法的扁鹊，有发明麻沸散、首创健身五禽戏的华佗，有作《伤寒杂病论》的张仲景，有著有《千金药方》、后被尊为"药王"的孙思邈，有修《本草纲目》的李时珍，等等。

在正殿中供奉这些名医的造像，意义在于纪念他们继承和发扬中华民族医学，治病救人，广施普济的功绩。

此外，在三皇殿内，还有一株古柏，高22米，胸围近4米，树龄在两千年以上，它与三官殿大门外的古柏同是西汉张廉夫初创太清宫时所种植。

在这株古柏树干北侧距地面1.5米处，生长着一株藤本植物凌霄，这株凌霄的根全部长在树干中，与之相呼应。

在此古柏的南侧距地面约10米的树干上又生有一株木本植物盐肤木。这凌霄的树龄已超过百年，盐肤木的树龄也有近百年。

在这近百年来，这三树一体同生，在植物界实属罕见，形成独特景观，被称为"汉柏凌霄"。

在此汉柏旁边，还有一棵唐代栽的榆树，名为龙头榆。此树不结榆钱，树身盘曲似苍龙，树高18.2米，胸径1.3米，树龄已有1100余

海岛上的明珠

崂山太清宫

■ 三皇殿前的汉柏凌霄

盐肤木 又称五倍子树、山梧桐、黄瓟树和漆树，为漆树科盐肤木属落叶小乔木。它是我国主要经济树种，可供制药和作工业染料的原料。其皮部、种子还可榨油。在园林绿化中，可作为观叶、观果的树种。根、叶、花及果均可入药。

年，居全国古榆之冠。

三皇殿的西配殿是耿祖祠，里面供奉的是明代太清宫道士耿义兰，这是外地道教殿观中没有的。

三皇殿的另一配殿为救苦殿，里面供奉的是救苦天尊。

传说，这位救苦天尊专门济世救苦，拯救世人脱离苦海，帮助世人解脱困境。这实际上仍是道教思想的一个侧面反映。

在救苦殿外，还有一株大山茶，树高10米，胸围1.3米，树荫所及70余平方米，是现存崂山景区内长势最好的一株山茶。

此山茶北侧有一株侧柏，高17米，胸围近2米，树龄也在500年以上。

再说这位组织修建三皇殿的李哲玄，他一共活了120岁，是一位修道有成的长寿道人。

■ 生长在太清宫内的龙头榆

三皇殿内的塑像

959年，李哲玄羽化于崂山太清宫，其骨骸葬于太清宫后山之阳。后来，鉴于李哲玄对崂山庙宇的建设做出了重大贡献，后周太祖郭威敕封他为道化普济真人。

阅读链接

据我国古代的经典著作《易经》中记载，在伏羲存在的历史时期，他制定并修改了华夏历法，所以被后人尊为"天皇"，其意义是纪念他对中华民族科学文化所做出的贡献。

神农氏是我国古代神话中人物，传说他生有一个水晶肚子，为了让人类能有足够赖以生存的食物，他尝遍百草。如果某种植物有毒，他吃了后就要睡半天，而且看到肚子发黑，就告诉人们不要吃；如果吃了某种植物后肚子仍然是红的，则可以采集种子，种植繁育。为此，后人为了纪念他，便把他称为"地皇"。

"人皇"是纪念炎黄部落首领轩辕氏，因为他统一了黄河中上游各分散的部落，建立了一个民族的雏形，实现了对人群的管理，被尊为"人皇"也是不容非议的。

宋代刘若拙奠定道观规模

五代时期，李哲玄的师侄刘若拙为寻访其师叔李哲玄来到了崂山三官庙。据说，这位刘若拙武艺高强，修道很深。

刘若拙来到三官庙以后，便自己组织了一些道人在崂山修建了一所茅庵供奉老子神像。

后来，宋太祖赵匡胤建立了宋朝，他听说了刘若拙的名号以后，便于公元960年召其入京，并封刘若拙为"左街道录"，也就是朝廷掌管道教事务的官员，想把刘若拙留在宫中。

但是，刘若拙并不喜欢宫廷里的生

■ 宋太祖赵匡胤（927—976），我国北宋王朝的建立者，出生于洛阳夹马营，祖籍河北涿州。出身军人家庭。948年，投后汉枢密使郭威幕下，屡立战功。951年，郭威称帝，建立后周。960年，他以"镇定二州"的名义，谎报契丹联合北汉大举南侵，领兵出征，发动陈桥兵变，代周称帝，建立宋朝，定都开封。

■ 太清宫建筑群

活，几年后，他坚决要求回崂山，宋太祖挽留不住，只好同意，并敕封他为"华盖真人"。刘若拙回到崂山后，宋太祖又拨给三官庙巨款，要求刘若拙对三官庙进行一次大规模的修缮。

因为刘若拙在崂山上居住的别院叫太清宫，所以后人便把崂山上的三官庙又称为太清宫。太清宫重修后，就基本形成了现在的规模，主要正殿有三官殿、三清殿和三皇殿等。

如今，在现存太清宫三官殿的正门两边，还有刘若拙重修太清宫时，亲手种植的两棵银杏树，这两棵树高25米以上，胸径都有数围，树龄均在千年以上。

五代　五代是指后梁、后唐、后晋、后汉、后周5个朝代，虽然实力强大，但无力控制整个中国本土。而其他割据一方的藩镇，有些自立为帝，有些奉五代为宗主国。本时期时常发生地方实力派叛变夺位的情况，使得战乱不止，统治者多重武轻文。

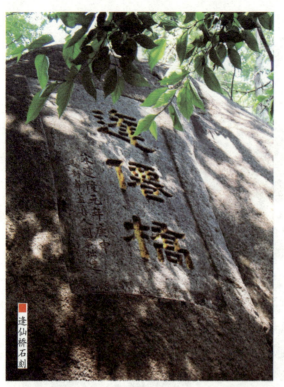
逢仙桥石刻

此外，在三官殿通往三清殿的路上，还有一座由刘若拙亲自命名的石桥，桥的旁边有一大石，上面刻着"逢仙桥"3字，旁边还有记载当年宋太祖赵匡胤召见并敕封刘若拙为"华盖真人"的记事。

相传，当年刘若拙在除夕迎神，在这里遇到一位白须飘胸的老翁走上前来与他交谈了两句，刘若拙正想问其姓名，老人却不见了，只在雪地上留下了两个脚印，于是，刘若拙认为自己遇到了仙人，事后在此刻石以证此事。同时，他还为此桥命名为逢仙桥。

再说当年太清宫经过刘若拙等人的一番修建后，崂山道教的名声大振，四方道众，纷纷来此学道修行，崂山道教一时兴盛空前。

阅读链接

据说，银杏树和其他树木最大的特点就是有性别之分，而由刘若拙亲手种植的这两棵银杏树都是雄性的。

此外，银杏树还有"白果树""公孙树"等别称，那么，为什么叫"公孙树"呢？原来，是因为它生长很慢，爷爷种下的树，到了孙子那一代才能吃到果实，所以在民间有"桃三杏四梨五年，无儿不种白果园"的说法。

保留宋代建筑风格的道观全景

太清宫自从宋代刘若拙重修后，又陆续经历过无数次的修缮，但它总是保留着宋代建筑的基本特点和风格，它虽不是富丽堂皇，却不乏古朴庄严，是典型的道教殿堂。

同时，从宋代起，崂山道教越来越出名，吸引了很多道教徒前来隐居潜修，如徐复阳等人均在此修过道。直到新中国成立前，太清宫内仍有道士13人，修行徒2人。

崂山现存的太清宫占地3万平方米，建筑面积2500平方米。庙宇主体分三官殿、三清殿、三皇殿三大部分，另有关岳祠和东西客堂、坤道院等附属设施，共有房屋150多间。

太清宫内大铁钟

■ 太清宫内的牌坊

进入太清宫，最先看见的是高8米，宽16米，由底座、立柱、额枋、字板4部分组成的太清宫牌坊，此牌坊修建于1997年，为四柱三门式。

牌坊阳面上部正中写着"崂山太清宫"5字，此字为我国宗教局闵志庭道长题写，牌坊阴面上写着"阆苑圣德"4字，为太清宫道长刘怀远所题。

另外，这牌坊自下而上，分别雕有"事事如意""福禄寿""鹤鹿同春""十二生肖""龙形"等雕刻，形象生动，寓意深刻。

从牌坊入口进去，就是太清宫的正门。

进入正门，左右两边分别建有鼓楼和钟楼。俗话说，"晨钟暮鼓"，道观内的钟鼓是为了给道士们一种严格的时间观念，提醒他们勤学苦修，不要偷懒。

在钟鼓楼后有两座高大雄伟的建筑，这是新时期修建的元辰阁和元君阁。在元辰阁和元君阁后面，便是太清宫内最早的建筑之一三官殿。此殿后面还有一座为祭祀崂山名道、长春真人丘处机所建的殿宇丘祖殿。殿内供奉的是丘处机的塑像。

从邱祖殿出来，经过逢仙桥，便是三清殿。走出三清殿向东拐，还有一个供奉汉代的关羽和宋代忠将岳飞的殿堂关岳祠。

在关岳祠门口，有一棵金桂树，每到桂花盛开的时候，老远就能闻到金桂花那浓浓的香甜味道。树枝上系满了人们用来"许愿"的红绳。

在金桂树旁边，还有个小亭子，传说这是"蒲松龄写书亭"。相传，蒲松龄到崂山时，曾在此写书。

丘处机（1148—1227），也写作邱处机，因避孔子的名讳，将丘写成邱。字通密，道号长春子，我国金朝末年全真道士。他为金朝和蒙古帝国统治者敬重，并因远赴西域劝说成吉思汗减少杀戮而闻名。在道教历史和信仰中，丘处机被奉为全真道的"七真"之一，以及龙门派的祖师。

■ 太清宫内的元辰阁

■ 蒲松龄塑像

蒲松龄笔下的《聊斋志异》共有400多篇故事，其中有8篇是以崂山为题材或以崂山为背景的，如"崂山道士""香玉"等。

除殿堂和亭子外，还有崂山的四大名泉之一的"神水泉"。其中，太清宫内的"神水泉"3个字，据说是宋代华盖真人刘若拙的亲笔手迹。

太清宫从初创到现在已经历两千多年的历史，在众多的道教庙殿当中，它是有记载的最早的崂山道教祖庭。因此，又可以说，现存的太清景区是崂山景区中展现道教文化的代表景区。

阅读链接

太清宫内的神水泉，之所以叫它神水泉，是因为它有"三神"：

一神为水质清澈甘甜，矿物质含量丰富，杂质少。据说，崂山道士用过多年的暖水瓶从来没有结过水垢；

二神是大旱三年水不涸，大涝三年水也不溢，无论怎样取水，水平面始终与井口保持一致。只可惜，在这几年的一次修复中，因为施工方面的原因，水位发生些变化；

三神为饮用此泉水，有助于治疗胃溃疡等多种慢性病，达到有病医病无病健身的效果。

北京白云观

北京白云观是道教全真教派的第一丛林，始建于唐代，几经毁坏重建，从明代起，正式更名"白云观"，是北京历史上最著名、也是北京现存规模最大的道观建筑。

此道观位于北京西便门外，是长春真人丘处机羽化之所，也是现代我国道教协会的所在地。由于丘处机被奉为全真龙门派祖师，因此，白云观也被人们称为"全真龙门派祖庭"。

丘处机命令弟子重建太极宫

龙门派 是全真道分衍的支派之一。它承袭全真教法，处于道教衰落的明清时代。由北七真之一的丘处机所传。龙门派尊全真七子之一的丘处机为祖师。尊丘处机的弟子赵道坚为创派宗师。第二代张德纯活到元末，第三代以后进入明代。据此，明代实为龙门派的肇建时期。

■ 白云观内的石狮

看过金庸武侠小说《射雕英雄传》的人都应该知道，在这部小说中，有一个叫丘处机的人，他在小说中的形象是一位豪迈奔放、武艺高强的道士。

那么，这位道士既然是小说中的人物，他又是否是一个虚构的人物呢？

其实，在我国的历史上，是真的有

一位叫作丘处机的道士的。他便是被奉为全真道"七真"之一，以及龙门派的祖师。

这丘处机本是道教全真教创始人王重阳的弟子，王重阳羽化后，他在陕西磻溪洞穴中住了6年，潜心修道。行携蓑笠，人称"蓑衣先生"。后又赴陇州龙门山，即后来的宝鸡市东南地区隐居潜修7年，成为全真龙门派创始人。

1220年，丘处机率领自己的弟子尹志平、李志常、宋德方等18人从中原出发，跋山涉水，风餐露宿，行程万里，历时两年，到达西域大雪山，谒见元太祖成吉思汗。

太祖问丘处机治理天下良策，丘处机回答以"敬民爱民"为本，太祖又问他长生不老之术，丘处机回答要以"清心寡欲"为要，并进言太祖想要统一天下，就不要滥杀无辜。

太祖觉得他的话很有道理，便对他以礼相待，并赐给他"神仙""大宗师"的称号。

金末元初，丘处机从西域大雪山出发，回到中原，此时，成吉思汗已经攻下金朝大都燕京，成吉思汗便赠给丘处机虎符及玺书，命他掌管全京城的道教。为了让丘处机能够留在燕京，成吉思汗又把燕京的太极宫赐给丘处机居住。

■ 成吉思汗 字儿只斤·铁木真（1162—1227），蒙古帝国可汗，尊号"成吉思汗"。世界史上杰出的政治家、军事家。1206年春天建国称帝，此后多次发动对外征战争，征服地域西达中亚、东欧的黑海海滨。1265年10月，元世祖忽必烈追尊成吉思汗庙号为太祖。

■ **唐玄宗** 也就是李隆基（685—762），亦称唐明皇。712年~756年在位。唐睿宗李旦第三子，母窦德妃。710年6月，李隆基与太平公主联手发动"唐隆政变"诛杀韦后。712年李旦禅位于李隆基，后赐死太平公主，取得了国家的最高统治权。

说起这太极宫，它的前身本来是唐代的天长观。据相关历史书籍记载，它本来是唐玄宗为"斋心敬道"，奉祀老子而修建的，观内至今还有一座汉白玉石雕的老子坐像，据说就是唐代的遗物。

1160年，天长观遭火灾焚烧殆尽。7年后，金世宗完颜雍敕命天长观幸存弟子重修道观，又经过了7年时间，于1174年3月竣工。为了庆贺这次工程的竣工，金世宗完颜雍特意命人在观中举行了2天3夜的大道场，并亲率百官大臣前来观礼。在此次道场结束后，金世宗为此道观赐名曰"十方大天长观"。

1202年，天长观又不幸罹于火灾，仅保存了老君石像。第二年重修后，改名为"太极宫"。

1215年，由于金国国势不振，迁都于河南省开封市，为此，太极宫也就不再受到人们的重视了。

再说，丘处机入住在太极宫后，他看见此道观遍地瓦砾，破烂不堪，便立即命令其弟子王志谨主领兴建，直到3年后，太极宫的各个大殿以及楼台又焕然一新。

1227年，丘处机羽化于太极宫，同年，元太祖颁

虎符 是古代皇帝调兵遣将时使用的兵符，是用青铜或者黄金做成伏虎形状的令牌，劈为两半，其中一半交给将帅，另一半由皇帝保存，只有两个虎符同时使用，才可以调兵遣将。虎符最早出现于春秋战国时期，当时采用铜制的虎形作为中央发给地方官或驻军首领的调兵凭证。

布圣旨改此宫为"长春宫"。

第二年，丘处机弟子尹志平于长春宫的东边修建起一座道院，称为"白云观"，专门用于存放丘处机的遗骨，并为存放地点取名为"处顺堂"。

始建于元代的处顺堂一直保存至今，是白云观建筑群的中心。现存建筑又名邱祖殿，是1443年重建，曾名"衍庆殿"和"贞寂堂"。

此大殿中间摆放的巨瓢名曰"瘿体"，系一古树根雕制而成。钵口上镶有金边，且刻有18个字"大清乾隆二十一年奉旨重修髹金仍供本观"。此为清朝乾隆皇帝所赐，据说，乾隆皇帝特许道观内道士可用此钵到皇宫募化，宫中人必定施舍。丘处机祖师的遗骸就埋葬于此"瘿钵"之下。

王志谨（1177—1263），又叫王栖云，元代全真道士，法号志谨，又称栖云真人。从小便与佛有道缘，便去山东拜郝太古为师，道法大有长进。太古仙逝以后，他即在盘山开门授徒，讲道论玄，四方学者云集。元朝时，赐号"惠慈利物至德真人"。

龙门祖庭

北京白云观

■ 白云观内邱祖殿

白云观的三清四御殿

殿的左右两壁上，挂有两幅梅花篆字《道德经》碑帖，为元代大书法家高文举手书。此碑帖劲力苍古，风韵独特，字体介于石鼓文和大篆之间，其绚丽的风采，群众誉为"近看是字，远看是花"，给人以朵朵梅花之感。该碑现存于陕西省周至县楼观台。

由于龙门派祖丘处机在元代主持本观，他羽化后又将遗骸放入此地，所以后来全真派的道徒们便尊白云观为龙门祖庭。

阅读链接

关于白云观还有这样一个传说：

丘处机真人从大漠回来以后，奉命重建白云观。建好后，过了没多久有一位王姓和尚为压倒白云观，在观的西面建了一座佛刹，起名曰"西风寺"，内中暗藏玄机，用意为"卷起西风，让白云无影无踪"。

白云观的道长看在眼里，心里全都了然，这时白云观大殿前正在修建的一座石桥要竣工了，老道长便把这桥叫"窝风桥"，西风再厉害，也过不了这桥。

明代重修后奠定中路布局

　　元代末年，由于连年战争，白云观不再受到人们关注，原有的殿宇也一天比一天破败，直到明王朝的建立，才让一度冷落了的白云观又出现了新的生机。

　　1394年，燕王朱棣命人再建长春宫，建成前后两殿。1395年，燕王来此观礼。1396年，世子朱高炽亦来此观礼。

　　1403年，明成祖朱棣敕命以处顺堂为中心进行扩建，此后，太监刘顺于此创建了三清

　■朱棣（1360—1424），明朝第三位皇帝，明太祖朱元璋第四子。生于应天，时事征伐，受封为燕王，后发动靖难之役，起兵攻打侄儿建文帝。1402年夺位登基，改元永乐。他五次亲征蒙古，巩固了北部边防，维护我国版图的统一与完整。

玄妙的道观

■ 白云观的玉皇殿

大殿，住持倪正道又与内官协力创建玉皇殿。正统五年（1440年），寺内道人又重建了处顺堂。经过一系列的扩建，道观始定现在的规模。

这些殿堂和建筑的修建，让白云观再次热闹起来。到了1443年，明英宗再次命人重新补修了道观的各个大殿，并正式将此道观改名为白云观。

在现存的白云观中，建筑群体分为中、东、西三路，其中，中路部分的众多殿堂都是在明朝时期修建起来的。这些建筑主要有灵官殿、三官殿、玉皇殿、财神殿、救苦殿、老律堂、药王殿和三清四御殿等。

其中，灵官殿始建于明英宗正统八年（1443年），明代宗景泰七年（1456年）和清康熙元年（1662年）均有修建。殿内主要供奉道教护法神王灵官。神像为明代木雕，高约1.2米，比例适度，造型精美。红脸卷须，怒目圆睁，左手掐诀，右手执鞭，形象威猛。其左边墙壁上为赵公明和马胜画像，右边墙壁上为温琼和岳飞画像，这就是道教的四大护法元帅。

白云观内现存的三官殿原名"丰真殿"，殿内供奉的是天、地、水"三官大帝"。中座为天官，即上元一品天官赐福大帝；左边为地官，即中元二品地官赦罪大帝；右边为水官，即下元三品水官解厄大帝。

白云观内现存的玉皇殿始建于1438年，清康熙元年重修。原名"玉历长春殿"，1706年改名为玉皇殿。殿内供奉着玉皇大帝，全称是"昊天今阙至尊玉皇大帝"，又称"玄穹高上玉皇大帝"，简称"玉帝"或"玉皇"。

此雕像身着九章法服，头戴十二珠冠旒，手捧玉

道教的四大护法 分别为赵公明、马胜、温琼和岳飞。其中，赵公明，本名朗，字公明，又称赵玄坛，"玄坛"是指道教的斋坛，相传为武财神。马胜，又称华光大帝、灵官马元帅等，相传他因生有3只眼，民间又称他为"马王爷3只眼"。温琼，是泰山神，为东岳大帝的部将。他姓温，名琼，浙东温州人。

■ 白云观的三官殿

比干 姬姓之后，我国古代著名忠臣，被誉为"亘古第一忠臣"。他是殷纣王叔父，忠正耿直，见纣王荒淫暴虐，常直言进谏。因听信妲己谗言，纣王恼怒，将他剖心，后被姜子牙所救。由于他无心，所以在他手下做生意，买卖公平，老少无欺。于是被人们供奉为财神。

■ 玉皇殿内的精美壁画

笏，端坐龙椅。神龛上此像为明代木雕像，高约1.8米。神龛前及两边垂挂着许多幡条，上面绣有许多形体颜色各异的篆体"寿"字，一共是100个，所以被称为"百寿幡"。

这是清朝慈禧太后60大寿时，为乞求玉帝保佑身康体泰、延年益寿而赐赠白云观的供品。

玉帝雕像的左右两侧是6尊明代万历年间所铸造的铜像，他们即是玉帝阶前的4位天师和2个侍童。

此外，殿壁四周还挂有南斗六星、北斗七星、三十六帅、二十八星宿的绢丝工笔彩画共8幅，均为明清时代佳作。

白云观内现存的财神殿原名"儒仙殿"。殿内供奉3位财神。中座为文财神比干，左边为武财神赵公明，右边为武财神关羽。

位于财神殿之后的是救苦殿，此殿原名"宗师殿"，殿内供奉的是太乙救苦天尊。太乙救苦天尊，也就是太乙真人，他骑九头狮子，左手执甘露瓶，右手执宝剑。

据道经说，太乙救苦天尊是天界专门拯救不幸堕入地狱之人的大慈大悲天神。受苦难者只要祈祷或呼喊天尊之名，就能得

■ 白云观的救苦殿

到救助，化凶为吉。民间盛传《拔度血湖宝忏》是由太乙救苦天尊所传授的。

白云观内现存的老律堂原名七真殿，因清代高道王常月祖师曾奉旨在此主讲道法开坛传戒，求戒弟子遍及大江南北，道门玄风为之一振，后世为纪念道教史上这一中兴时期，便将此殿改名为"老律堂"。"律堂"即传授戒律的殿堂。

老律堂内供奉全真派7位阐道弘教祖师，中座为长春全德神化明应真君丘处机，左座依次为长生辅化宗元明德真君刘处玄、长真凝神玄静蕴德真君谭处瑞、丹阳抱一无为普化真君马钰，右座依次为玉阳体玄广慈普度真君王处一、广宁通玄妙极太古真君郝大

王常月 明末清初著名道士，俗名平，法名常月，号昆阳，山西长治人。属全真龙门派，为全真道龙门支派律宗的第七代律师，他最大的贡献，在于让本已衰落的龙门派复兴，可以说也是令全真道的复兴，甚至可以说是整个道教离现今时代最近一次的复兴。王常月本人也被誉为"中兴之祖"。

泥塑 即用黏土塑制成各种形象的一种民间手工艺。发源于宝鸡市凤翔县。流行于陕西、天津、江苏、河南等地。2006年入选我国非物质文化遗产。流传民间3000年之久，是至今我国保留最古老、最具民族特色的泥塑类手工制品。

通、清静渊真玄虚顺化元君孙不二。

白云观内现存的药王殿原名"宗师殿"，殿内供奉的是唐代著名道士、医学家孙思邈。他著有《千金要方》《千金翼方》等多种著作，在我国医学和药物学方面做出了极大贡献，因而被后世尊称为"药王"。

建于1428年的三清四御殿，原名"三清大殿"，殿内供奉的是三清。清康熙元年（1662年）改建为二层阁楼，乾隆年间又改为三清四御殿，上层供奉三清，下层供奉四御。

其中，上层的三清像为明朝宣德年间所塑造，高2米有余，神态安详超凡，色彩鲜艳如初，富丽而又不失古朴。下层的四御即是辅佐玉皇大帝的4位天帝：勾陈上宫天皇大帝、南极长生大帝、中天紫微北极大帝和后土皇地祇。这些都是清代中期泥塑金漆

■ 白云观的老律堂

沥粉造像，高约1.5米。殿前院子中的鎏金铜鼎炉，为明嘉靖年间所铸造。香炉造型浑厚，周身雕铸着精美的云龙图案，共有43条金龙。

除了以上这些殿堂之外，白云观内原山门上，还悬挂了一副名为"敕建白云观"的匾额，这是当年明英宗皇帝所赐之物。此匾额是生铁铸造而成，其寓意是企望白云观坚固持久，像铁铸一般。正是如此，从明代起，白云观便有了"铁打的白云观"之美誉。

阅读链接

在白云观的药王殿内墙壁上，还有一幅孙思邈医龙救虎图，里面讲述的是这样一个故事：

据说，海中一小龙外出游玩，曾化为一蛇，被一小孩所伤，后被孙思邈所救，替它针灸用药直至康复。小龙回到龙宫后告诉龙王。为感谢大恩，龙王送给孙思邈许多金银财宝，但都被他拒绝了。后来龙王送给他两部著名医书《千金要方》和《千金翼方》，孙思邈潜心研究，终成一代药王。

由于孙思邈的医技高超，连深山老虎都知道。一天，一只老虎口中受伤，便跑到孙思邈身边毫无恶意地伏下身子，请求医治。于是，孙思邈就在虎口中先放上一个铁环，然后将手伸进去给老虎手术用药。治愈后，老虎感动得流出了眼泪。后来这铁环就被称之为"虎衔"。

王常月指挥组建东西路建筑

清代康熙年间，有个明末遗少，他对满洲人入主华夏非常忿恨。经常悻悻不乐，但又无力匡扶明室。于是，他决心一生不去参加清朝的考试博取功名，最后便跑到华山当了道士。这位道士便是全真道龙

■ 白云观内道教弟子说法的云集山房

康熙皇帝（1654—1722），原名爱
新觉罗·玄烨，清朝第四位皇帝、清
定都北京后第二位皇帝。他8岁登基，
在位61年，是我国历史上在位时间最长
的皇帝。他是我国统一的多民族国家
的捍卫者，奠定了清朝兴盛的根基，
开创出康乾盛世的局面。

门支派律宗的第七代律师王常月。

几年后，王常月在华山的道教修行圆满结束。之后，他便下山去了京城。

此时，由于战乱，京城里白云观的道士们为了避祸都走光了，而住在京城的僧人们却一心想要抢占这座庙宇，并为此发生了多起争夺事件。主管此事的九门提督，急忙奏知康熙皇帝，想让康熙想办法制止抢占事件的再次发生。

王常月来到京城之后，康熙帝即任命他为白云观的新任主持，这样一来，京城的僧人们便不再去白云观捣乱了。

不过，这时的白云观，由于修建的年代久远，很多殿堂都非常破烂，为此，王常月当上主持后不久，便向康熙请示，要求修复道观。在康熙帝的帮助下，白云观再次迎来了一次大的修整。

1706年，康熙帝命内帑重建道观，修复了道观内山门牌楼、石桥、钟鼓楼，以及灵官殿、三官殿、玉皇殿和财神殿等中路殿堂，并扩建了道观的西路建筑

九门提督 是我国清朝时期的驻京武官，正式官衔为"提督九门步军巡捕五营统领"，主要负责北京内城正阳门、崇文门、宣武门、安定门、德胜门、东直门、西直门、朝阳门、阜成门9座城门内外的守卫和门禁，还负责巡夜、救火、编查保甲、缉捕和断狱等，实际为皇室禁军的统领，品秩为"从一品"。

神特、祠堂院、八仙殿、吕祖殿、元君殿、文昌殿和元辰殿，以及东路建筑三星殿、慈航殿、真武殿、雷祖殿和道众宿舍等。经过这次修复，白云观焕然一新，又重新迎来了众多道士的加入和学法传教。

之后，王常月祖师在此传戒10次，度弟子千余人，大振玄风。白云观也从此声名大噪，享誉大江南北，前来求戒和参访的道友络绎不绝，整个全真道兴盛起来。

白云观内的现存格局基本上就是在这一时期固定下来的，道观内中路以山门外的照壁为起点，依次有照壁、牌楼、华表、山门、窝风桥、灵官殿、钟鼓楼、三官殿和财神殿等各大殿。

其中，白云观内的照壁又称影壁，位于道观正前方，正对牌楼。壁上嵌有"万古长春"4个大字，为元代大书法家赵孟頫所书。其字体遒劲有力，令人叹赏不绝。

牌楼原为棂星门，是观中道士观星望气之所。后来棂星门演变为牌楼，已失去原来的观象作用。

白云观内的现存牌楼兴建于1443年，为四柱七层、歇山式建筑。

照壁 是我国传统建筑特有的部分，明朝时特别流行，一般讲，在大门内的屏蔽物。古人称之为"萧墙"。照壁是我国一种独具特色的建筑形式，称"影壁"或"屏风墙"。

白云观内山门为石砌的三券拱门，3个门洞象征着"三界"，跨进山门就意味着跳出"三界"，进入神仙洞府。山门石壁上雕刻着流云、仙鹤、花卉等图案，其刀法浑厚，造型精美。中间券门东侧浮雕中隐藏着一个巴掌大小的石猴，已被游人摸得锃亮。

老北京有这样的传说："神仙本无踪，只留石猴在观中。"这石猴便成了神仙的化身，来白云观的游人都要用手摸摸它，讨个吉利。观内共有小石猴3只，分别藏在不同的地方，若不诚心寻找，难以见到，所以有"三猴不见面"之说。

过了山门，便是窝风桥，这是一座南北向的单孔石桥，桥下并无流水。

白云观的钟鼓楼，在建筑布局上与其他宫观的钟鼓楼截然相反，其钟楼在西侧，鼓楼在东侧。据说，

仙鹤 传说中的仙鹤，就是丹顶鹤，人们常把它和松树绘在一起，作为长寿的象征。道教中丹顶鹤飘逸的形象已成为长寿、成仙的象征。在我国古代的传说中，仙鹤都是作为仙人的坐骑而出现的，可见仙鹤在国人心中是相当有分量的。

■ 白云观内的三券拱门

这是因为，在明代重修时，保留了原来的钟楼，在钟楼之东新建鼓楼，才形成了现在所见的格局。

白云观西路建筑群中，排在第一位的是一匹酷似骏马的铜兽神特，走近细看，其造型竟为骡身、驴面、马耳、牛蹄，因此，很多人称它为"四不像"。其实，它的正名叫"特"。传说它是一种神兽，具有奇特的功能，人哪儿不舒服，只要先摸摸自己，然后再摸摸它的相同部位，即可手到病除。

在神特之后，便是八仙殿。此殿建于1808年，殿内供奉着钟离权、吕洞宾、张果老、曹国舅、李铁拐、韩湘子、蓝采和、何仙姑8位道教仙人塑像。

西路建筑群中的吕祖殿建于清朝光绪年间，殿内

■ 白云观的鼓楼

■ 白云观内神特

供奉的是八仙中影响最大，传闻最广的吕洞宾祖师。

白云观中的元君殿内供奉的是道教女神。中座为天仙圣母碧霞元君，左座分别为催生娘娘和送子娘娘，右座分别为眼光娘娘和天花娘娘。

在旧社会，女人们最担心的就是不育、难产，产后又担心婴儿出天花、闹眼疾、夭折或落下残疾，而这里的4位娘娘正好掌管这一切，所以这里的香火非常旺盛。

文昌殿位于元君殿之后，殿内供奉的是掌管人间功名禄位的文昌帝君。

西路建筑群中的最后大殿元辰殿俗称"六十甲子殿"，里面供奉的是六十甲子神和斗姆元君。六十甲子源于我国古代的干支纪年法。即是用甲、乙、丙、丁、戊、己、庚、辛、壬和癸十天干，与子、丑、寅、卯、辰、巳、午、未、申、酉、戌和亥十二地支

斗姆元君 道教神名。简称斗姆，也称斗母元君。"斗"指北斗众星，"姆"指母亲。道经云，她"为北斗众星之母"。传说，斗姆原为龙汉年间周御王的爱妃，号紫光夫人，先后为御王生下九子。长子为天皇大帝，次子为紫微大帝，余七子分别为贪狼、巨门、禄存、文曲、廉贞、武曲、破军，即北斗七星。

玄妙的道观

■ 元辰殿内的塑像

■ 白云观的慈航殿

循环相配，由甲子起，至癸亥止，一个周期刚好为60年，故名"六十甲子"，意为60年另起一甲子。这六十甲子神都各有名号。

白云观的东路建筑群中，三星殿又名"华祖殿"，里面供奉的是神医华佗和福、禄、寿三星真君神像。

慈航殿在清朝时为"火祖殿"，供奉着火德真君。2000年重修后改为"慈航殿"，供奉的是观音菩萨。真武殿，始建于清朝乾隆年间，2000年重修，奉祀真武大帝。

雷祖殿内供奉的主神为九天应元雷声普化

天尊，陪祀风、雨、雷、电4位雷部天将。殿内神像均为明代所铸铜像。此外，位于道观内东北角塔院内，还有一座造型为八角形，三层砖石结构的古塔，名为罗公塔，也称真人塔。

此塔是道教塔中的精品，也是清代前期大型石刻艺术品，建于1725年。塔为石质，通高约10米，形似亭阁，但又有所不同，底为一仰莲须弥座基台，上建八角形塔身，塔身上覆三重檐屋顶，星檐的椽子，飞头，瓦陇，脊兽，隔扇窗等，雕刻得与木结构形制相同，还雕有道教象征八卦的图案。用藏传佛教寺庙常用的密叠斗拱作装饰，塔顶用小八角亭式，上冠以大圆珠，与一般佛塔的塔刹又不相同。千年宫观，仅此一塔，可见它的珍贵。

塔前原来供有罗公像的"罗公前殿"和"白云观重修碑""罗真人道行碑""粥场碑记""云溪方丈功德碑"4块石碑，现在仅存罗公塔。

这位罗公为江西人，在康熙年间来京，常住白云观，1727年逝世，被雍正帝敕封为"恬淡守一真人"。

民间传说他创造了剃头理发的工具和按摩术，传

■ 白云观的罗公塔

华佗 东汉末医学家，字元化，一名旉，汉族，今安徽亳州人。华佗与董奉、张仲景并称为"建安三神医"。华佗是东汉末年著名医学家，少时曾在外游学，钻研医术而不求仕途。他医术全面，尤其擅长外科，精于手术，被后人称为"外科圣手""外科鼻祖"。

■ 雍正帝（1678—1735），清世宗爱新觉罗·胤禛，满族，是清朝第五位皇帝，入关后第三位皇帝，康熙帝的第四子，母为孝恭仁皇后。1722年至1735年在位，在位时期，实行"改土归流""火耗归公"与"打击贪腐"等一系列铁腕改革政策，对康乾盛世的连续具有关键性作用。

入皇宫后得到雍正帝的赞赏，旧时理发行业尊奉罗真人为祖师爷。

蓬莱 位于胶东半岛最北端，是山东省管辖的县级市。濒临渤、黄二海，东临烟台，南接青岛，北与天津、大连等城市及朝鲜半岛隔海相望。蓬莱自古就被誉为"人间仙境"，八仙过海的传说就发生在这里。

除罗公塔外，现存白云观的后院还有一个清幽雅静的花园，名云集园，又称小蓬莱。

进入现代，古老的白云观已成为首都北京的一大名胜，以其独特的魅力吸引着海内外众香客游人。每年春节的民俗庙会，更是游人如织，热闹非凡。白云观已成为人们了解我国道教文化与传统习俗的重要窗口。

2001年6月25日，白云观作为清代古建筑，被国务院批准列入第五批全国重点文物保护单位名单。

阅读链接

据说，王常月初当主持时，由于道观内道士很少，他便每次烧香时默默祷告，乞求各路的神仙来保佑他。也许是他的诚心感动了神仙，于是，传说中的八仙也下来凡间帮助他。

当时，吕洞宾在白云观当知客，韩湘子当知随，张果老当大殿主，曹国舅当化主，蓝采和当巡察，铁拐李在厨房当大火头，人们听说后，都想来道观中见识这些神仙，于是白云观的香火也就一天比一天旺盛了。

泰山岱庙

岱庙旧称东狱庙或泰山行宫。位于山东泰安市区北，泰山南麓。它是泰山最大、最完整的古建筑群，也是寺庙建筑中规格最高的，为道教神府，是历代帝王举行封禅大典和祭祀泰山神的地方。

此庙创建历史悠久，始建于汉代，至唐代时已殿阁辉煌。其建筑风格采用帝王宫城的式样，庙宇巍峨，宫阙重叠，气象万千。它与北京故宫、山东曲阜三孔、承德避暑山庄，并称为我国四大古建筑群。

秦汉时为帝王举行祭典而建

　　泰山地处华北大平原的东部，山东省中部，总面积约2000平方千米。它的主峰是玉皇顶，海拔1545米。因其优越的地理位置，从古至今便被人们誉为"五岳之首""五岳独尊"。它雄伟壮丽，风光旖旎，历史悠久，文物众多，既是中华民族的象征，又是我国历史文化的局

岱庙北门

部缩影。

在这样的一座蕴含着华夏民族历史文化的山上，有一座专供我国历代封建帝王举行封禅大典和祭祀泰山神的场所，这便是旧称"东岳庙"，又叫泰庙，主祀"东岳泰山之神"的岱庙。

据说，这座寺庙的创建历史非常悠久，西汉史料始有"秦即作畤，汉亦起宫"的记载，随着泰山神信仰的逐步增大，岱庙的规模也日益增大。在现存的泰山岱庙中，有许多当时留下的文物古迹。

现存的岱庙城堞高筑，周长1500米，高10米，四周有8个门，向正南开的共5个，中为正阳门，正阳门两侧为掖门，东掖门名为炳灵门，西掖门名为延禧门，掖门两侧东为仰高门，又称东华门，西为见大门，又称西华门，意思就是说仰望泰山之高，目睹泰山之大。

其中，在正阳门外，有个叫"遥参亭"的二进院落，据说是秦汉时期最早建立的大殿，现在是岱庙的

封禅 封为"祭天"，禅为"祭地"，是指我国古代帝王在太平盛世或天降祥瑞之时的祭祀天地的大型典礼。古人认为群山中泰山最高，为"天下第一山"，因此人间的帝王应到最高的泰山去祭过天帝，才算受命于天。此项礼仪起源于上古的夏商周三代。

仪门 旧时官衙，即府第的大门之内的门，也指官署的旁门。在古代，"衙门"或"官邸"辕门内具有"威仪"点缀的正门，称为仪门。有的旁门也借称"仪门"。有的后门也可以称为"仪门"。明代和清代的官署、邸宅大门内的第二重正门。仪门一称取自于孔子的第三十二代孙孔颖达的《周易正义》中的："有仪可象"之句而得名。

■ 岱庙全景

前庭，也是进入岱庙的第一建筑群。

这里的"遥参"也有遥遥祭拜的意思。古代帝王每逢来泰山举行封禅和祭祀大典时，都先要在这里举行简单的参拜仪式，以表示对泰山神的虔诚。因此，此亭在古时又称"草参亭"。现在的名字是1534年，由山东参政吕经升任副都御史，临行前修改的，一直沿用至今。

岱庙现存的遥参亭为过亭式院落，东西宽52米，南北长66.2米，总面积3442.4平方米。主要由南山门、仪门、正殿、方亭、北山门等建筑群组成。院中正殿5间，建在院中心长方形台基上面，宽10.8米，进深7.75米，通高7.9米，为四柱五梁、九脊单檐歇山式，黄瓦盖顶。正殿内供奉的是碧霞元君塑像，两侧为东西配殿各两间。

这些建筑群体依次坐落在通天街至岱庙的轴线

上，正殿左右置配殿及厢房，其中轴线与岱庙中轴线一致。

岱庙内的遥参亭是一组独立的建筑，但与岱庙在内涵上又是统一的，由于它的存在，把岱庙神秘而庄严的气氛烘托得更加浓厚。这种既独立又统一的建筑风格，不仅在五岳中独树一帜，在我国现存古建筑中也是不多见的。

另外，此亭在唐代又曾被叫作"遥参门"，为此，民间又有"参拜泰山神，先拜遥参门"之说。

穿过遥参亭，迎面而立的"岱庙坊"是1672年山东布政使施天裔创建。坊高12米，宽9.8米，深3米，为四柱三门式。坊起三架，重梁四柱通体浮雕。

四柱前后流通墩上雕有8个石狮，姿态各异；重梁四柱刻有"丹凤朝阳""二龙戏珠""群鹤闹莲""天马行空"等20余组形象逼真的祥禽瑞兽和各式花卉纹

祥禽瑞兽 我国早期祥禽瑞兽是以"龙""凤"或"麒麟""凤凰"最为出名。其中，"麒麟"作为瑞兽与"凤凰"对举，似乎只是从战国文献才出现。据《尔雅》《说文解字》等书中记述，"麒""麟"和"凤""凰"都是同一种动物的雌雄二体。

样。整座石坊造型别致，刻镂透细不凡，为清代石雕艺术中之珍品。

除了遥参亭以外，岱庙内还有众多从秦汉时期遗留下来的古碑和石刻。这些碑刻几乎集我国古代书法之大成，上追晋代"二王"王羲之和王献之，下承宋朝"四大家"苏轼、黄庭坚、米芾和蔡襄。字体真草隶篆，体例俱全；颜柳欧赵，风格各异，具有很高的历史文物价值和书法艺术价值。

其中，最为著名的有在新中国时期挖掘出土的48块汉画像石。这些汉画像石，内容丰富，取材广泛，有的反映车马出行、乐舞百戏等社会生活，有的描述

玄妙的道观

■ 岱庙内《张迁碑》石刻

■ 岱庙内古碑

■ 秦始皇嬴政（前259—前210），嬴姓赵氏，故又称赵政，汉族，生于赵国首都邯郸。首位完成我国统一的秦朝的开国皇帝，秦庄襄王之子，13岁即王位，39岁称皇帝，在位37年。把我国推向了大一统时代，为建立专制主义中央集权制度开创了新局面。明代思想家李贽誉其为"千古一帝"。

神话故事，也有反映历史人物的。画面图案工整，造型生动。在雕刻技法上，把我国传统的画技同线刻、浮雕糅合一体，体现出古拙质朴、雄健壮美的特点，是研究我国古代文化艺术和东汉社会生活的重要实物资料。

此外，寺内还有一方驰名中外的"名山刻石之祖"《泰山秦刻石》，上面镌刻的是秦始皇功德铭和秦二世诏书。诏书内容为丞相李斯书写，他以简练秀雅的小篆代替了当时笔画繁赘的大篆，字迹刚劲挺拔，一扫众家肥呆之气，碑文共222字，后渐泯灭，至明嘉靖年间尚存29字，原立在岱庙顶峰的玉女池旁，后经沧桑沉沦，几次失而复得，现在唯剩下10个残字，完整者7个。堪称为稀世之宝，被列为国家一级文物。

阅读链接

泰山的岱庙最早起源于古人对泰山的崇拜。后来经过不断传播，发展成影响全国的信仰。隋唐以后，凡是有泰山信仰的地区几乎无不建有东岳庙，所以历史上有"东岳之庙，遍于天下"的说法。

特别是唐玄宗封禅泰山告成后，首封泰山神为"天齐王"，对全国各处修建东岳庙起到重大推动作用。许多碑记都记载全国郡县普建东岳庙始于盛唐封禅。如元孟淳《长兴州修建东岳行宫记》曰："自唐封禅，郡县咸有之。"

宋真宗亲自下诏扩建岱庙

　　1008年，宋、辽在澶渊交战，宋真宗虽大胜辽军，却签订了由宋朝送给辽以岁币银10万两，绢20万匹，换得辽军撤走的屈辱条约，历史上称为"澶渊之盟"。

　　宋真宗为了平息朝野的怨愤之情，巩固其统治地位，他采纳了副宰相王钦若策谋的"天降诏书"的骗局，于同年十月率领群臣，车载"天书"来到泰山，举行了隆重的答谢天恩告祭大礼，并定于每年六月初六为"天贶节"。

　　宋真宗封禅泰山以后，龙颜大悦，为了感谢"天书"，在告祭大典的第二

　　■ 宋真宗（968—1022），宋朝第三位皇帝，名赵恒，宋太宗第三子，公元997年继位，1022年崩，享年55岁，在位25年。在其统治时期治理有方，北宋的统治日益坚固，国家管理日益完善，社会经济繁荣，北宋比较强盛，史称"咸平之治"。

年，下诏大规模地扩建岱庙。据《重修泰岳庙记碑》所载，经过此次扩建后，此庙有"殿、寝、堂、阁、门、亭、库、馆、楼、观、廊、庑八百一十有三楹"。

在岱庙内现存的古迹中，中轴线最为著名的建筑正阳门、配天门、仁安门、天贶殿和后寝三宫，据说就是在宋真宗时期始建的。岱庙的正阳门位于遥参亭的岱庙坊之后，是进入岱庙的第一正门，两扇朱红大门，门上镶有81个铁制馒钉，象征着岱庙的尊严，古时候只有帝王才能从此门进入。由于此门始建时间久远，到新中国成立时，此门已是裂痕斑斑，门上方的城楼也均被历史的风雨吹打得烟消云散。

为此，我国文物管理者们于1985年按照宋代建筑风格重新修建了此门。现存的正阳门门高8.6米，上面的城楼高11米，共5间，为九脊单檐歇山顶，24根四方明柱，四周镶嵌着条棂隔，上面覆盖黄色琉璃瓦，24根四方明柱，檐下斗拱出三翘四，墨线大点金彩绘，额枋金龙飞舞，远远望去翘檐翼然，翩翩欲飞。

从正阳门进去，便是始建于北宋大中祥符二年，也就是公元1009年的配天门。此门取孔子的"德配天地"而命名，是现存岱庙的第二道大门。

配天门面阔5间，进深3间，单檐歇山式建筑，殿

■ 岱庙内的正阳门

澶渊 古湖泊名。也叫繁渊。故址在今河南濮阳县西。春秋卫地，《春秋》襄公二十年，即公元前553年：晋齐等诸侯"盟于澶渊"，即此。历史上北宋与辽国的"澶渊之盟"亦发生在此。

斗拱出三翘四 斗拱是我国建筑特有的一种结构。在立柱和横梁交接处，从柱顶上的一层层探出呈弓形的承重结构叫拱，拱与拱之间垫的方形木块叫斗。两者合称斗拱。出三翘四则是对角梁的做法。

玄妙的道观

■岱庙内的配天门

谏官 是我国古代官职之一，又称"谏臣"，是对君主的过失直言规劝并使其改正的官吏。谏官的设置比监官早。春秋初年齐桓公设大谏，为谏官设置之始。晋国的中大夫、赵国的左右司过、楚国的左徒，都属于谏官性质。

内原祀青龙、白虎、朱雀、玄武四方星宿。两侧原有配殿，东为"三灵侯殿"，殿内供奉着周朝谏官唐宸、葛雍、周武3人。相传，宋真宗东封时，在南天门见三神人，便为此加封为"三灵侯"，后来建于此殿中供奉。现存的配天门内的神像早已被毁，在殿中间陈列有泰山石上刻《泰山石敢当》。

创建于北宋大中祥符年间的仁安门是现存岱庙的第三道门，此门取孔子语"仁者安仁"而命名，意思就是说：以仁义治理天下，天下则安。

现存的仁安门于元代重建，建筑结构与配天门雷同，殿内原祀天聋、地哑之神，两侧有东西门神。

大殿内门中的"天下归仁"4个大字是采用唐明皇李隆基所写《纪泰山铭摩崖》石碑上的字，四侧回廊是1999年重修恢复元以前的形式，匾额由我国建筑学家陈从周所题。

配天门的西侧有碑碣20块，最著名的是《宣和碑》和《祥符碑》，双碑高大雄伟，东西对峙，龟趺螭首，气势非凡，为岱庙现存两大碑碣。

配天门西南方的"唐槐院"，原有"大可数抱，枝干荫亩许"的唐槐，民国年间，由于战乱，古槐备受摧残，渐渐枯死。1952年，岱庙主持尚士濂又在枯槐干中植小槐一株，并取名"唐槐抱子"。如今新槐已成大树，扶疏郁茂，又成为岱庙一大佳景。

唐槐之东原有延禧殿、藏经殿、环咏亭、雨花道院，皆毁于民国年间。1984年，在藏经堂旧址上新建仿古文物库房48间，内藏泰山历代珍贵文物4000余件，古书籍3000余册。

在仁安门的后面，是和配天门在同一时期修建的天贶殿，它是现存岱庙的主体建筑，为东岳大帝的神宫。

此殿又叫峻极殿，建于长方形石台之上，三面雕栏围护，东西长43.67米，南北宽17.18米，高22.3米，殿阔9间，进深4间，重檐八

■ 岱庙内龟趺螭首的石碑

冕旒 专指皇冠。我国古代帝王戴的皇冠，其顶端有一块长形冕板，叫"延"。延通常是前圆后方，用以象征天圆地方。延的前后檐，垂有若干串珠玉，以彩线穿组，名曰："冕旒"。据说，置旒的目的是为了"蔽明"，意思是说，一个身为领袖的人，必须洞察大体而能包容细小的瑕疵。

角，斗拱飞翘，上覆黄琉璃瓦，檐间悬挂"宋天贶殿"的巨匾，檐下8根大红明柱，柱上有普柏枋和斗拱，外槽均单翘重昂三跳拱，内槽殿顶为4个复斗式，余为方形平棋天花板。

整座大殿栾栌叠耸，雕梁彩栋，贴金绘垣，丹墙壁立，峻极雄伟，虽历经数朝，古貌犹存，它同北京故宫的太和殿、曲阜孔庙的大成殿并称我国古代三大宫殿式建筑。

天贶殿内供奉泰山神即东岳大帝。此神像面容肃穆，气氛庄严。像高4.4米，头顶冕旒，身着衮袍，手持圭板，俨然帝君。民间传说此神为黄飞虎。

《封神演义》中，姜子牙奉太上元始天尊敕命，封屡树战功的武将黄飞虎为"东岳泰山天齐仁圣大帝"，命他总管天地人间的吉凶祸福。

■ 岱庙天贶殿

东岳大帝神像上悬清康熙皇帝题"配天作镇"匾，门内上悬乾隆皇帝题"大德曰生"匾。像前陈列明、清铜五供各一套及铜鼎、铜釜、卤簿等。

殿内东、西、北墙壁上绘有巨幅壁画，名《泰山神启跸回銮图》，长62米，高3.3米，描绘泰山之神出巡的盛况。东半部是出巡，西半部是回銮。整个画面计675人，加以祥兽坐骑、山石林木、宫殿桥涵，疏密相间，繁而不杂，是我国道教壁画杰作之一。

■ 岱庙天贶殿内景

此外，大殿东次间还有明代铜铸"照妖镜"一架，原在遥参亭，1936年移此。

现存的天贶殿前宽阔的大露台分上下两层，中间是明万历年间铸造的大香炉。露台两侧各有一座御碑亭，内立乾隆皇帝拜谒岱庙的诗碑。

露台下古柏相夹的甬道向南延伸，尽头是一个方形石栏小池，俗称"阁老池"。皇帝举行大典参拜泰山神时，群臣就恭候在这里。池内及周围9块姿态怪异的太湖石是1209年泰安县令吴衍与其母王氏所献。每块石头各具特色，仔细观赏耐人寻味。

甬道中间有一玲珑石卓然而立，名为"扶桑石"。据说此石从东海运来，东方是日出之地，有神

卤簿 指我国古代帝王驾出时扈从的仪仗队。他们是我国封建社会帝王制度的重要的组成部分。是专门也是直接为帝王的重大活动服务的。卤簿在汉代已经出现，由于帝王出行的目的不同，仪式也各有别。自汉代以后亦用于后妃、太子、王公大臣。唐制四品以上皆给卤簿。

■ 岱庙内香炉

木扶桑，亦有扶桑之国。此石还有一个俗名为迷糊石，以石洞为中心将双眼闭死，绕石头正转3圈反转3圈，然后往北走，去摸天贶殿旁的一棵古柏的树心，摸到的人泰山神会赐予他大福大贵。

扶桑石北面有一株古柏独立阶下，名为"孤忠柏"，民间传说唐朝女皇帝武则天怀疑自己的儿子也与大臣石忠谋反，便将其杀害，石忠冤魂不散，便来到东岳大帝前告武则天灭子之状，从而化为孤柏。

这些富有浪漫色彩的传说固不可信，却显示了泰山悠久的历史和文化的发达。

天贶殿两侧原有环廊百间，与仁安门两侧的东西神门连接，内绘十殿阎罗、七十二司。东廊中间有鼓楼，西廊中间有钟楼，均毁于清末。1982年后，陆

■ 武则天（624—705），是一位女诗人和政治家，也是继位年龄最大、寿命最长的皇帝之一。唐高宗时为皇后，尊号为天后，与唐高宗李治并称二圣，683年12月到690年10月作为唐中宗、唐睿宗的皇太后临朝称制，后自立为武周皇帝。

续重建环廊与钟楼。现存的东廊内陈列历代碑刻，自北而南有19块，西廊内陈列汉画像石48块。殿前院，还有《宋封祀坛颂碑》、《金重修东岳庙碑》等石碑。

天贶殿后面是后寝三宫，中为正寝宫，又称中寝宫，面阔5间，两边为配寝宫，各3间。

1012年，宋真宗诏封泰山神为"天齐仁圣帝"后，考虑到还缺个皇后，便于同年封了一个"淑明后"，并为这位皇后修建了后寝三宫，随从和嫔妃则居住在配寝宫。

阅读链接

在天贶殿内墙上的那幅巨大壁画，表现泰山神出巡的宏大场面，关于它的来历，还有这样一个故事：

话说泰安县令接到宋真宗皇帝扩建岱庙的圣旨后，首先命人修好了大殿，可是，宋真宗还要求县令在大殿中画上壁画。县令把附近有名的画师都找来了，让他们设计出草稿请皇上审定，结果反反复复送了五六次，真宗仍是不满意，并下旨道：10天之内不设计出好的画样，就拿县令问罪。

最后，县令的夫人给县令出主意，让画家们画出皇上来封禅时的情景，于是，画家们画好稿子，把稿子送到了县令手中。县令呈给宋真宗，果然赢得了皇上的欢心。于是，岱庙就有了这样气势宏伟的壁画。

寺内现存的其他文物古迹

　　泰山岱庙始建于秦汉，扩建于唐宋，其后，金、元、明、清历代对岱庙均有重修，但基本上均保持了宋代扩建后的规模。

　　从形成至今，岱庙历经千年沧桑，饱受火灾战乱之害，尤其在民国时期，更是遭受巨大破坏，古建损毁严重。

岱庙的牌匾

■ 泰山岱庙中的古老石碑

1959年泰安市博物馆成立之后，在各级政府及上级文物部门的支持下，政府投入大量资金，加大了文物保护、利用、管理的力度，分别于1981至1982年、1987年、1994年、1997至1998年等时间，修复了寺内的钟楼和鼓楼，以及天贶殿两侧东西廊房，并重建了寺内配天门、仁安门，恢复三灵侯殿、太尉殿、东西神门及仁安门东西两侧的复廊，复建延禧门，使岱庙再次形成了规模宏大的建筑群。

现存的岱庙南北长405.7米，东西宽236.7米，呈长方形，面积为9.6万平方米。岱庙的建筑，采用了我国古代纵横双方扩展的形式，总体布局以南北为纵轴线，划分为东、中、西三轴线。

东轴前后设汉柏院、东御座、花园；西轴前后有唐槐院、环咏亭院、雨花道院；中轴前后建有正阳门、配天门、仁安门、天贶殿、后寝宫、厚载门。

主体建筑天贶殿位于岱庙内后半部，高踞台基之

廊房 指厅堂周围的房舍。自明永乐十八年（1420）建都北京，就在皇城四门、钟鼓楼等地方，修建了几千间民房和铺房，召民、商居住或居货，这些配房均称为廊房。明代官员高明的《琵琶记·两贤相遘》一书中称："小人管许多廊房，并没有这个人。"

玄妙的道观

■岱庙内炳灵门

台基 又称基座，指台的基础。在建筑物中，系高出地面的建筑物底座。用它来承托建筑物，并使其防潮、防腐，同时还可以弥补我国古建筑单体建筑不甚高大雄伟的欠缺。大致有普通、较高级、更高级和最高级4种。

上，其他建筑则设在中心院落之外，彼此独立，又有内在联系。

这种建筑布局是按照宗教的需要和宫城的格局构思设计的，形成分区鲜明，主次有序，庄严古朴的独特风格，并通过建筑空间的变幻，在庄重、肃穆和幽深、雅朴的相互渗透中相映成趣，完整一体。庙中巍峨的殿宇与高入云端的南天门遥相呼应，给人以置身泰山之中的优美感。

现存岱庙东轴线的汉柏院内原有"炳灵殿"，毁于民国年间，院门上的匾额上写着"炳灵门"3个大字。院中5棵高大的古柏，枝桠交错，形如虬龙蟠旋，相传为汉武帝于公元前110年封禅泰山时所植，距今已有两千多年，"汉柏院"由此得名。

■ 汉武帝刘彻（前156—前87），汉朝的第七位皇帝，杰出的政治家、战略家。7岁时被册立为皇太子，16岁登基，在位54年，开疆拓土，击溃匈奴、东并朝鲜、南诛百越、西越葱岭，征服大宛，奠定了中华疆域版图。

虹龙 我国古代传说中的有角的小龙。屈原《天问》中称"虹龙负熊"。宋《瑞应图》中称"龙马神马，河水之精也，高八尺五寸，长颈骼，上有翼，修垂毛，鸣声九音。有明王则见。"虹龙则是传说中的瑞兽，还称"神马"，"马八尺以上为龙"，"两角者虹"。

此院的北面本是一座炳灵宫，供奉着泰山神的三太子炳灵王，原宫1929年毁于战火，1959年在炳灵殿旧址建起汉柏亭。亭子建立在3层石砌的高大台基上，十分壮观。台基壁上镶嵌乾隆五十九年，即公元1794年泰安知县何人鳞所书杜甫的《望岳》和《秋兴》等名人诗刻。登上亭子极目四望，泰城全貌尽收眼底。

此外，汉柏院内碑碣林立，约计90余块。其中有后人隶书的东汉张衡的《四愁诗》、三国曹植的《飞友篇》，有后人篆书陆机的《泰山吟》、谢灵运的《泰山吟》以及宋朝大书法家米芾《第一山》、明崇祯年间陈昌言、左佩铉题篆的《汉柏图赞》、乾隆皇帝御制的《汉柏图》和当代众多名人留下的墨迹。

■ 岱庙内的东御座

由汉柏院向北行，穿过幽静的小花园进入一个小巧玲珑的四合院。这里是古帝王祭祀泰山时居住的地方，因坐落在东华门内，所以被称为"东御座"。其建筑为1347年所建，明代称"迎宾堂"，1770年，改称"驻跸亭"。

东御座由长城花门、仪门、大门、正殿和厢房组成，5间正殿高筑台基之上，殿内正中是皇帝来时休息的地方。中间是龙椅，两边的红木家具是从民间收集来的，按清朝时的原样陈列，家具上有用象牙、骨头、贝壳镶嵌的人物及花卉纹饰。

在殿内抱柱上有一副清乾隆皇帝的诗联：

唯以一人治天下
岂为天下奉一人

■ 岱庙内石亭

横匾为：

勤政亲贤

意思就是说天下要有一个人来统一治理，但天下不能仅供奉他一人，皇帝要勤于政事，亲近贤明。

殿内东为书房，西为卧室。岱庙内共存有文物1万多件，其中一级文物138件，以祭器为主。乾隆皇帝献给泰山神的祭器中，有名为"温凉玉雕花圭"、"沉香狮子"和"黄地兰花瓷葫芦"，这3件是乾隆二十七年（1762年）、三十六年（1771年）朝拜泰山时的供品，并称泰山"镇山三宝"，都是一级文物。

此外，在岱庙后院的东西两侧，还有两处惹人注目的古迹，东为铜亭，西为铁塔。

铜亭又名"金阙"，铸于明万历四十三年（1615年），由万历皇帝遣人铸造，是我国现存的几座铜亭中最小的一座，铜亭四周门窗是仿木结构，顶有鎏金，重檐九脊歇山式，最初放置于山顶碧霞祠内，明末李自成义军经过泰山时见此亭发着金光，误认为是金铸的，把它拆开后移于山下，后发现是铜铸，便没有带走，将其置于碧霞元君的下庙灵应宫内，1972年被移到岱庙内加以保护。

■ 乾隆皇帝（1711—1799），爱新觉罗·弘历，清朝第六位皇帝，定都北京后第四位皇帝。年号乾隆，寓意"天道昌隆"。25岁登基，在位60年，退位后当了3年太上皇，实际掌握最高权力长达63年，是我国历史上执政时间最长、年寿最高的皇帝。

■ 岱庙内铁塔

玄妙的道观

颐和园 是我国现存规模最大、保存最完整的皇家园林。此花园以杭州西湖风景为蓝本，汲取江南园林的某些设计手法和意境而建成的一座大型天然山水园，也是保存得最完整的一座皇家行宫御苑，被誉为皇家园林博物馆。

该亭以仿木结构形式装配而成，显示了我国古代精湛的冶铸工艺，它和北京颐和园万寿山的铜亭，云南昆明凤鸣山的铜亭并称中国三大铜亭。

西侧的铁塔为明嘉靖年间铸，造型质朴雄伟，原有13级，立于泰城天书观，抗日战争中被日军飞机炸毁，仅存3级，1973年移于此处。

岱庙的最后一重门厚载门，取自"天以高为尊，地以厚为德，大地能载九皇之德"之意，从此门出去往北就是步行登泰山的古盘道，岱庙到山顶9千米，台阶约有6811级。

总之，岱庙不仅是泰山文物最集中的地方，也是一座赏心悦目的古典园林，这里的每一处建筑都体现着我国古代建筑艺术的风采，每一件文物都反映了泰山的文明发展。可以说，它是一座融建筑、园林、雕刻、绘画和祖国传统于一体的古代艺术博物馆。

芮城永乐宫

　　永乐宫，原名"大纯阳万寿宫"，位于山西芮城县城北约3千米处的龙泉村东，建在原西周的古魏国都城遗址上。此道观始建于元代，是为奉祀中国古代道教"八洞神仙"之一的吕洞宾而建，也是我国道教三大祖庭之一。

　　这是一处在国内外颇有影响的古建筑，它以壁画艺术闻名天下。这里的壁画，是我国现存壁画艺术的瑰宝，可与敦煌壁画媲美。

为奉祀吕洞宾始建吕公祠

　　在我国民间，吕洞宾是一位与观音菩萨、关公一样妇孺皆知、香火占尽的神仙，合称"三大神明"。唐宋时期，他与铁拐李、汉钟离、蓝采和、张果老、何仙姑、韩湘子、曹国舅等人并称为"道教八仙"。在我国山西的民间信仰中，他是八仙中最著名、民间传说最多的一位。

永乐宫的匾额

■ 山西芮城永乐宫
大纯阳万寿宫

那么，这位吕洞宾到底为人们做了什么事，人们要如此敬重他呢？

原来，他本是山西芮城人，出生在一个世代官宦之家，他的祖辈都做过隋唐官吏，所以他自幼熟读经史，长大后，他中了进士，并在家乡做官。

后来，他因为厌倦兵起民变的混乱时世，便抛弃了人间功名富贵，和妻子一起来到中条山上的九峰山修行。

当时，他和妻子各居一洞，相对可望，所以他将自己的名字改为吕洞宾。其中，"吕"，指他们夫妇两口，两口为吕；"洞"，是指他们居住的山洞；"宾"，即是告诉人们自己是山洞里的宾客。

据说，这吕洞宾在弃官出走之前广施恩惠，将万贯家产散发给贫民，为百姓办了许多好事。后来，他遇到已经成仙的钟离权的度化，得道成仙，号纯阳

山西芮城 位于中国山西省西南端，黄河中游，是山西省最南端的晋、秦、豫三省交界处，也是山西的南大门。芮城在商末为芮国，周朝初期为魏国，秦朝属于河东郡，汉朝为河北县，北周明帝二年，即公元558年开始，改芮城县至今。

■ 元世祖忽必烈 孛儿只斤·忽必烈（1215—1294），蒙古族，元朝的创建者，是监国拖雷的第四子，蒙古尊号"薛禅汗"。他在位期间，建立了幅员辽阔的统一多民族国家元朝，是蒙古族卓越的政治家、军事家。在位35年，谥号圣德神功文武皇帝，庙号世祖。

子。之后，吕洞宾下山云游四方，为百姓解除疾病，从不要任何报酬。

正是因为他一生乐善好施，扶危济困，所以深得百姓敬仰。为此，当他羽化后，家乡的百姓便为他修建了一座祠堂，取名为"吕公祠"，以此纪念他。到了金代，因吕洞宾信奉道教，于是人们又将"祠"改成了"观"。

元朝初年，元世祖忽必烈知道吕洞宾信奉的道教在群众中颇为流传，就想利用宗教和吕洞宾的声望巩固自己的统治，为此，他派国师丘处机管领道教，复建"吕公观"，并将道观名改为"永乐宫"。

据说，这次对永乐宫的复建工程，总共花了110多年时间，几乎与整个元朝共始终，才建成了这个规格宏大的道教宫殿式建筑群。

在建筑结构上，此道观吸收了宋代《营造法式》和辽、金时期的《减柱法》，形成了自己特有的风格。同时，整个道观内的每座殿堂还绘制了总面积达960平方米题材丰富的壁画。

我国现存的永乐宫是典型的元代建筑风格，几个大殿以南、北为中轴线，依次排列，主要由龙虎殿、

《营造法式》
是刊行于宋崇宁二年，即1103年，北宋官方颁布的一部建筑设计、施工的规范书，是我国古籍中最为完整的一部建筑技术专书。此书是宋将作监奉敕编修的，主要分为5个部分，即释名、制度、功限、料例和图样共34卷，前面还有"看样"和目录各1卷。

三清殿、纯阳殿和重阳殿四大殿组成。

其中，纯阳殿就是专门为奉祀吕洞宾而建，殿内塑有吕祖像，面目和善慈祥，神态端庄自如。殿内壁画，描绘的是吕洞宾的生平事迹，从诞生起，到得道成仙，普度众生，游戏人间，采用的是连环画的形式，每幅画面之间用山石、云雾、树木、河流等自然景色相隔相连，远观浑然一体，近看内容各异。

此壁画虽为宗教画题，但反映了元朝以前我国人民的生活习俗和社会风貌。这一幅幅壁画形象地展示了殿堂楼阁、桥梁涵洞、酒肆茶馆、村舍民居等物质民俗，表现了官吏、学生、平民、商贾等各个阶层、各类人物的生活，还有舟船河中行驶、婴儿诞生仪礼、老人死后祭奠场景，这一切都为我们研究宋金元

■ 纯阳殿内的吕洞宾塑像

■永乐宫内的纯阳之殿

玄妙的道观

社会史和风俗史提供了重要资料。

此外，在纯阳殿后门的出口处，有一幅《钟吕谈道图》，俗称"盘道"，画的是钟离权诱导吕洞宾修仙学道的场面。画面背景有起伏的群山，有潺潺的流水，有古老苍劲的松树，景色秀丽雅静，师徒二人侧身对坐，钟离权袒胸畅谈，举止大方；吕洞宾凝神注视，侧目静听，神态谦恭。

这幅画成功地展示了人物的内心世界，情与景有机交融，气韵生动，活灵活现。

阅读链接

永乐宫壁画是我国古代壁画的奇葩，它不仅是我国绘画史上的重要杰作，在世界绘画史上也是罕见的巨制。

为此，在20世纪50年代，我国著名的工笔重彩人物画大师刘凌沧仿照永乐宫纯阳殿的《钟吕谈道图》，绘制了一幅长4.0米、宽3.7米的《钟吕谈道图》的局部图，存放在我国国家博物馆内。

以精美壁画而闻名的殿堂

永乐宫原建在芮城县永乐镇。1958年，因需要修建黄河三门峡水库工程，而永乐宫正处于淹没区内，为了保护这一珍贵的历史文物，进行了规模浩大的迁移工程。

从1959年起，历经6年，工作人员将永乐宫全部迁移到芮城县北，

永乐宫钟吕传道图

古魏城遗址 位于山西省运城市芮城县城关镇北2.5千米，是我国山西省文物保护单位之一。古魏城东西长1.5千米，南北宽1.3千米。现残存北城墙，城墙长1500米，宽4至7米，高7米。

全部壁画分块割取，按照原样安装复原，将永乐宫完好无缺地迁移到了芮城县城北的龙泉村。

这里曾为"古魏城遗址"，有唐代建筑龙泉寺，前为黄河水库，后是巍巍中条山，清澈的泉水环绕而过，更为永乐宫增添了迷人的景色。

现存的永乐宫规模宏大，占地12.7万平方米，建筑面积为86880平方米。永乐宫的建筑特点是将宫门、龙虎殿、三清殿、纯阳殿、重阳殿5座建筑物，自南向北依次排列在一条中轴线上，东西两面不设配殿和附属建筑物，而是用围墙围成一个狭长的中心院落，并将三清、纯阳、重阳3座主要殿宇集中在后半部，建在台基上。其他建筑在中心院落以外，另建一道围墙，主次有序，形成了自己独有的建筑风格。

永乐宫龙虎殿又名无极门，始建于元至元三十一年，即1294年，单檐庑殿顶，面阔5间，进深6间。

无极门内有一只缩头鳌驮大碑，上面记载着永乐

■ 无极殿上的匾额

宫的历史。后面是永乐宫的主体建筑无极殿，又名三清殿，建于1262年。此殿是单檐庑殿顶，面阔7间，进深8间。殿内供有"太清、玉清、上清元始天尊"，四壁满布壁画，面积达403.34平方米，画面上共有人物286个。

壁画所描绘的是道教神仙朝元的盛况。在东、西、北三壁及神龛的左右两侧，分别画有8位身高3米的主神。围绕主神，280余位神仙重叠地排成4层，组成长长的行列。

■永乐宫壁画——太乙神

在神仙行列中，有肃穆庄严的帝君，仙风飘逸的仙伯、真人、神王，有威武剽悍的元帅、力士，有清秀美丽的金童玉女，他们有的对话，有的倾听，有的顾盼，有的沉思，场面宏伟庄严真切，使观看者有身临其境之感。

此壁画对人物形象的描绘充分地体现了我国传统绘画的特点。画师以简练而严谨、流畅而刚劲的线条刻画了众多生动的形象，这些形象按不同的年纪、性格和表情，变化多样而不雷同。线条在疏密有致的组织中，刚柔相济的变化中，创造了和谐的韵律和装饰性效果。

壁画色彩除了主神衣服用绯红和堆金沥粉以外，全画以青绿为主，表现了神的庄严和清静。286位神

朝元　指道教徒朝拜老子。唐乾封元年，即公元666年，唐高宗李治追封老子李耳为"太上玄元皇帝"，并将供奉老子的"老子庙"改为"玄元庙"。为此，唐朝诗人白居易在《寻郭道士不遇》诗中称："郡中乞假来相访，洞里朝元去不逢。"

永乐宫壁画——天罡大圣

仙组成8组，在统一中求得变化，以免单调平凡，显示了作者高妙的构图技巧和匠心。这个人物繁杂的场面，神彩又都集中在近300个"天神"朝拜元始天尊的道教礼仪中，因此被称为《朝元图》。

无极殿后面的纯阳殿，建于1262年。永乐宫的最后面是重阳殿，供奉王重阳和全真七子，单檐歇山顶，面阔5间，进深6间。殿内采用连环画形式描述了王重阳从降生到得道度化"七真人"成道的故事。

永乐宫的壁画内容丰富，技巧精湛，是对唐宋人物画的继承与发展。所表现的虽是神话故事，但形象并不是抽象的概念化的，而是富有个性的。对于署名为马君祥、马七、张遵礼等这些普通的民间画工，虽然不见于画史的记载，但他们的作品将永远记录在我国绘画史中。

玄妙的道观

阅读链接

在我国的历史博物馆内，还珍藏着一幅从宋代流传下来的，由宋代壁画名家武宗元所作的《朝元仙杖图》。此幅图也是描绘的道教神仙出行行列，画五方帝君和众仙去朝见道教最高天神元始天尊的情景。

据说，永乐宫壁画与这《朝元仙杖图》是一脉相承的，神仙的形象和线条表现的方法具有一定传承关系。所不同的是，后者是向前行进的神仙行列，而前者是朝拜时的静止状态。一是动中求静，一是静中有动。因此，可以说，永乐宫中的《朝元图》是我国绘画史上的杰作。

太和宫

　　武当太和宫是我国历史上比较著名的道教宫观，位于湖北省丹江口市境内的武当山天柱峰山腰紫金城南天门外。

　　太和宫建于唐代，当时有殿堂道舍等建筑510间，现仅存正殿、朝拜殿、钟鼓楼、铜殿等。该宫处于孤峰峻岭之上，殿宇楼堂依山傍岩，整座宫殿结构精巧，布局巧妙，四周峰峦叠嶂，起伏连绵，烟树云海，气象万千。是武当山著名的道教宫观之一。

建于真武大帝飞升地的名观

　　著名道教名观太和宫位于湖北省均县的武当山主峰天柱峰的顶端，距武当山镇35千米。据明代任自垣所著的《大岳太和山志》记载，武当山，古名太和山，今名大岳太和山。传说这里就是当年真武大帝飞升的所在。武当山风景秀丽，历来被认为是乾坤秀萃之所，神灵之宅，又因

■ 天柱峰上的太和宫

■ 太和宫内的始建碑刻

祭祀真武大帝而驰名中外。

当时，人们把建于武当山天柱峰上的金殿称为太和宫。直到清代，明代建的朝圣殿才被称为太和宫，后世一直沿用此称。

太和宫始于唐代，元代和明代较为兴盛。明成祖朱棣一直认为是真武大帝保佑自己得了帝位，于是封"真武"为"北镇天真武玄天上帝"，大兴土木，修建宫观，费时7年，役民工30余万，共建太和宫、紫霄宫、南岩宫、五龙宫、玉虚宫、遇真宫、净乐宫、迎恩宫8宫，以及复真观、元和观二观等建筑。

太和宫的正殿为朝圣殿，即太和殿，供有铜铸鎏金真武坐像，下面分列雷部六天君。正殿前面为拜殿，周围分列石碑，左右建有钟鼓楼。朝圣殿的右下侧就是皇经堂，供奉三清、玉皇、斗姆、张天师、吕

任自垣（1350—1431）明代道士。垣或作完，又名一愚，号蟾宇。江苏省人。他从小就非常聪明，读书便能知道里面的意思，出家三茅山元符宫，为道士，遂知名。成祖永乐九年，即1411年授道录司右正义，之后受太和山玉虚宫提点，升为太常寺丞，提督太和山，并被任命为上清派第五十三代宗师。

■ 太和宫紫禁城的
入口

祖等神像，殿内8幅壁画为真武修真图及道教神仙的故事。皇经堂前建有戏楼、神厨和三官殿。

太和宫的建筑多于明代建造，著名的建筑主要有九链蹬、紫禁城、灵官殿和朝拜殿等。

九链蹬始建于1416年，嘉靖年间曾作局部维修。因其是一条镶嵌在悬崖峭壁上的迂回九曲石作蹬道，俗称九链蹬。整个建筑不仅设计巧妙，布局精美，而且气势恢宏，造型典雅，颇有催人奋进、勇攀高峰的感觉。在我国，"九"在道教中称为天数，穿过九链蹬就到了武当山的顶峰，这里便是传说中真武大帝坐镇的地方。

紫禁城，又名红城，也称皇城，因金殿在上而得名，建于1419年。1417年，皇帝派遣隆平侯等督建。1419年，皇上又下了一道敕建紫禁城的圣旨，令隆平

驸马都尉 古代官职之一。汉代始置。驸，即副。驸马都尉，掌副车之马。到三国时期，魏国的何晏，以帝婿的身份授官驸马都尉，以后又有晋代杜预娶晋宣帝之女安陆公主，王济娶司马昭之女常山公主，都授驸马都尉。以后驸马即用以称帝婿。

侯张信和驸马都尉沐昕重修紫禁城，务必要"坚固壮实，与天地同其久远"。

整个城墙周长和墙高因依山就势，并不统一。南城门基厚，城墙顶厚，都是用重约500千克的石条砌成。该墙是利用我国古代建筑中的力学收分方法而砌。从里看往外倾斜，从外看往里倾斜，历经数百年的岁月，依然坚固如初。

紫禁城的四周设有东、西、南、北4座天门，全是用青石雕制，造型庄严，象征天阙。全城东、西、南、北4座天门只有南天门可通，其他3门均为装饰。南天门又设有3座门，中为神门，只有斋醮大典时才能启用。右边是鬼门，无门可开。左边是人门，凡进入紫禁城朝拜者，都要从这里经过。人门内中线石墁有一鱼纹，内设机关，设定机关启开时间，凡在这里失

斋醮 亦称斋醮科仪，是道教的一种仪式。道士们身着金丝银线的道袍，手持各异法器，吟唱着古老的曲调，在坛场里翩翩起舞，犹如演出一场折子戏，这就是道教斋醮科仪，俗称"道场"，也就是法事。其法为设坛摆供，焚香、化符、念咒、上章、诵经、赞颂，并配以烛灯、禹步和音乐等仪注和程式，以祭告神灵，来祈求消灾赐福。

■ 紫禁城的西天门

足者都被认为是有过之人。

和紫禁城相比，灵官殿则是依岩建造的小石殿，殿内置锡制小殿。殿内锡制灵官像后来在动乱年代被盗走砸毁。殿门的横联"北极通枢"，是指金殿供奉着北极玄天上帝，凡过往信士都要经过灵官爷的识别检验。

灵官殿入殿口放置数根重约50千克的钢鞭，意为灵官爷的刑具。道教称灵官爷有3只眼，能识人间善恶，且铁面无私。过去，在信士中凡是有过之人，见钢鞭便吓得魂飞魄散。古有楹联为证，上联是"天知地知未有不知"，下联是"善报恶报迟早要报"，横联"善恶分明"。

殿内陈列6块历代皇帝在武当山举行斋醮活动的记事碑。它们分别是：

第一块碑记是1425年2月，明代仁宗皇帝派遣礼部侍郎胡莹致祭于真武神；

第二块碑记载宣德元年（1426年），宣宗皇帝派遣太常寺丞袁正安致祭于北极真武之神；

第三块碑刻记载，正统元年（1436年）英宗皇帝派遣平江北左镇致祭于北极真武之神；

■ 宣宗皇帝 朱瞻基（1398—1435），汉族，明朝第五位皇帝。明仁宗朱高炽长子，幼年就非常受祖父与父亲的喜爱与赏识。永乐九年（1411），被祖父明成祖朱棣立为皇太孙，洪熙元年，即1425年即位，年号宣德。在位期间与明仁宗时期并称"仁宣之治"。

第四块碑记载，天顺元年（1457年）英宗皇帝派遣定西侯蒋琬致祭；

第五块碑记载景泰元年（1450年），景帝朱祁钰派遣翰林院侍讲徐瑾致祭；

第六块碑记载，成化元年（1465年）宪宗皇帝派遣沈瑶致祭。

从以上的碑刻记载中可以看出，在当时武当山的政治地位是多么重要。明代历代皇帝都在登基当年朝拜和致祭真武大帝。尤其是英宗皇帝，他曾两次任帝，两次都在登基致祭。由此可见，君权神授的思想，在明代时期的影响是极深的。

朝拜殿于永乐年间敕建，清代康熙皇帝亲笔书额"大岳太和宫"。该殿砖石结构，歇山顶式，屋顶饰有绿色琉璃瓦。殿内为券拱式梁架，墙体下部为石雕须弥座，面阔进深为一间，殿内陈列着真君、金童、玉女和8尊从官神像。过去由于封建等级制度极为严格，武当山又称皇家庙观，紫禁城内只有七品以上的官员和名人才能通过，朝山信士因不能进入紫禁城，只能在这里朝拜，故称"朝拜殿"。

■ 明世宗朱厚熜（1507—1566），明朝第十一位皇帝，明宪宗庶孙，明孝宗之侄，明武宗堂弟，兴献王朱佑杬嫡子。在位45年，他早期整顿朝纲、减轻赋役，对外抗击倭寇，后史誉之谓"中兴时期"。

在朝拜殿门的两旁立有两块铜碑，一通是1560年2月明世宗敕建雷坛设像的记事碑，碑文由都察院左副都御史鄢卿所书，记载了在天柱峰北天门外建雷坛、造金像的事迹。

另一通是明世宗遣臣致祭真武碑，碑上刻有二龙戏珠图，下刻"御制"二字，碑边缕刻龙、云等图案。碑文为遣工部右侍郎陆杰祭北极佑圣真君所书。

在朝拜殿前的两侧是钟楼和鼓楼，钟响如雷，波及百里，与方圆百里的九宫九观遥相呼应。道人以钟板为号令进行着有序的修炼生活，俗称"晨钟暮鼓"。殿的左前方有一座小殿堂为万圣阁，里面供奉道教传说中的各路神仙。

玄妙的道观

阅读链接

在我国历史上，明代初年的"靖难之变"中，建文帝朱允炆的下落一直是一个未解之谜。在被自己的叔父、后来的永乐帝朱棣夺取皇位之后，建文帝去了哪里却无人知晓，因而这件事成为我国历史的"四大谜案"之一。

据说明代永乐年间，礼部侍郎胡濙曾受明成祖朱棣的秘旨，在湖北、四川、云南等地查证建文皇帝的下落。当时，常有锦衣卫在武当山一带秘密活动。据史料记载，胡濙曾在一次上朝前，与永乐皇帝耳语了几句话，朱棣听后十分兴奋，当朝就宣布胡濙担任礼部侍郎一职。大臣们由此猜测，胡濙和皇上说的密语就是有关建文皇帝下落的结案。但是结案究竟什么结果，一直是个谜。

与太和殿相媲美的特色金殿

　　武当山太和宫有一处国宝级金殿，堪与北京故宫的太和殿相媲美，它就是金殿。金殿也称大岳太和宫，地处天柱峰的顶端，故又称"金顶"。来到金顶，仿佛置身于仙境，金殿居中，后有圣父、圣母殿，左有签房右有印房。其布局之合理，主次之分明，堪为我国古代

太和宫的金殿

玄妙的道观

■ 大岳太和宫

建筑之典范。

　　金殿建于1416年，重檐庑殿式屋顶，脊饰龙、凤、狮子、海马、天马等飞禽走兽。四壁用隔扇门装饰，额枋施线刻旋子图案，殿内天花及壁上铸线饰流云纹样，线条圆润流畅，地面是紫色海洋化石纹石墁地，洗磨光洁，富丽堂皇。殿堂面阔3间，殿为铜铸，重达10000千克，通体鎏以赤金。

　　大岳太和宫，是由后来永乐皇帝加封的。金殿的造型和北京故宫太和殿的造型极为相似。朱棣将"太和"二字用于武当山，名为大岳太和山，大顶金殿命名为大岳太和宫。"太和"即"道"，意为"天下太平"之意。北京故宫的金銮殿下有"奉天殿"，就是奉上天之意。奉天殿与武当山大岳太和宫同为一体，意味着朱棣坐镇的江山稳固，不仅达到了"君权神授"的政治目的，也符合了道教所追求的"天人合

榫卯 也称斗榫，就是指在两个木构件上所采用的一种凸凹结合的连接方式。凸出部分叫榫或榫头；凹进部分叫卯或榫眼、榫槽，这是我国古代建筑、家具及其他木制器械的主要结构方式。

一"的思想境界。

据说，金殿是在京城铸造的，途经运河到长江，到汉江，再运到武当山。为了确保金殿安装工程，1416年九月初九，朱棣特别敕教督何浚护送金殿船兵小心谨慎，船上不许做饭。

金殿是用数以千计的铜制构件榫卯安装而成，采用当时最先进的制造工艺制成。我国古代铸造家们已将冷缩的系数计算得精确至极。无论外面风雨雷电，金殿内的长明灯一闪不闪，这是因为空气不能对流的缘故。

来到此地的外国专家曾称赞：武当山金殿是世界的掌上明珠。武当山元、明两座金殿已经列入国家第一批文物保护单位。联合国教科文组织将武当山古建筑群正式列入《世界文化遗产名录》，两座金殿在武当山古建筑史中占据了重要地位。

■ 太和宫金殿匾额

玄妙的道观

■ 太和宫转运殿

金殿内上方悬挂"金光妙相"的金匾，是清代康熙皇帝亲书，意思说殿内铜铸鎏金的金光灿烂的真武大帝玄妙的神像。铜像铸鎏金饰品，着袍衬铠甲，丰姿魁伟，颇有胸怀大志的帝王之像。自明代以来，名人墨客顶礼膜拜，被拥戴为"四大名山皆拱揖，五方玄岳共朝宗"的英明方神。

关于真武神像的来历有两种说法，一种说法是明代永乐皇帝朱棣的像。相传明初，明成祖朱棣靖难之役登上皇位后，皇亲贵族有些不服，但又不敢言怒，只好都信奉道教。朱棣得知这些情况后，与军师姚广孝商量后决定在武当山大兴土木，遣工部侍郎郭进和隆平侯张信、驸马都尉沐昕等，建造了规模宏大的宫观庙宇，并在全国诏告画家，绘画武当山主神真武像。前71名画家都被杀害，轮到第七十二名的是高丽族姓姬的画家。姬画匠赴京前已将后事安排妥当，并没打算活着回来。

当执事太监引见姬画匠时，朱棣正在沐浴。朱棣听说画匠已到，便穿上浴衣出来接见。画匠叩拜皇上时，朱棣说了声"请抬起头来看"，并会意地向画匠点了点头。

聪明的姬画匠，在第

■ 诸葛亮（181—234），字孔明、号卧龙，汉族，今山东临沂市沂南县人，三国时期蜀汉丞相、杰出的政治家、军事家、发明家、文学家。在世时被封为武乡侯，死后追谥忠武侯，东晋政权特追封他为武兴王。诸葛亮为匡扶蜀汉政权，呕心沥血，鞠躬尽瘁，他在后世受到极大尊崇，成为后世忠臣楷模，智慧化身。

二天早时就将画像献给了皇上。朱棣看后欣然大笑，当即朱笔御批交工匠赶制铸造。这位姬画匠也被封为皇宫画师，得了高官厚禄。原来这画像就是姬画匠作叩拜时，朱棣皇帝的披发跣足的英姿。武当山宫观主神均是真武像，从此朱棣就不愁谁不拜在他的脚下了。

此外，为了保护太和宫内的金殿，在金殿下面位置，还有一处转运殿，又名转展殿。据说，这里本是元代的铜殿，明永乐年间大修武当时，明成祖朱棣因其规模小而另铸了后来的金殿，下旨将元代铜殿转运至金殿下面保存，同时建一座砖石殿加以保护。因为这座铜殿是从天柱峰上转运下来的，所以这座殿房被称为转运殿。

此殿始建于元大德十一年（1307年），脊高2.44米，面阔、进深均为2.165米，悬山顶式，仿木结构，造型古朴凝重，瓦棱、檐牙、栋柱、门隔、窗棂、门限等诸形毕具，殿体还镂刻有铭文，是研究元代武当山建筑的重要实物资料。

我国自古就有"北建故宫，南修武当"的说法。武当山地处秦巴山脉的顶端，不仅有名闻天下的金顶奇观，更是历来的军事要塞，三国时期，诸葛亮就是建议刘备从这里入川的。

当年，朱棣靖难之役后夺了侄子朱允炆的皇位，朱允炆不知去向。有人说朱允炆逃到了海外，也有人说朱允炆到武当山出家了，更有人禀报皇上说在云南某个寺庙，一时间众说纷纭。可是无论朱允炆走到哪里都是朱棣的一个祸患。朱棣决定大修武当，并派密臣以寻找张三丰为由四处打听。每天役使30万军民夫匠修建武当，使武当形成了华中腹地的一个军事重镇。

1849年，太和宫的皇经堂得以重建。皇经堂始建于明永乐年间，是当年道教设醮和早晚开坛功课的场所，也是武当山保存最完好的一处清代木雕作品。

皇经堂屋顶装饰翠缘鱼琉璃瓦，面阔3间，前为廊后为檐，正面为全开式格扇门。额书"白玉京中"4个大字，刚劲有力，金碧辉煌。道家称天上有白玉京，是神仙的居处。又说"老子上处玉京，为神王之宗"。意思是诸神在皇经堂内就如同在天上的白玉京中。额坊隔扇门上有木制浮雕，描绘了众多道教人物故事和珍禽神兽，雕工精细，形象生动。

殿悬挂的金匾上书"生天立地"4个大字，是清道光皇帝亲笔御赐。殿内供奉着主神是真武，两边侍从是金童玉女。左边供奉的是三清尊神，右边奉着观世音，道教称"慈航道人"，这是道教中全真教派三教合一的产物。殿内依次排列的还有灵官、吕洞宾及八仙。

阅读链接

关于真武神像来历的第二种说法是，由元代画家、书法家吴兴赴所画。据明代"山志"记载，元代大文学家虞集在《嘉庆图序》中叙述："……真武像，吴兴赴公子昂写其梦中所见者，而上清羽士方壶子之所临也。"他接着详细地描述了"天人披鬓、跣足、玄衣、宝剑、坐临岩谷"，天人对他说："你善绘事，追步顾陆，凡吾真仪，子善记录，审而传之……"言毕冉冉而升。就这样，吴兴赴半夜梦醒，画了第一幅梦中所见真武大帝之像，传给了画家上清道士方壶子，方壶子临摹了数十幅广传各宫观。从此，真武神像便流传开来。